忙しい男子の
万能だれ極旨レシピ

男子食堂編集部 編

男子食堂 特別編集 CONTENTS

忙しい男子の 万能だれ 極旨レシピ

調味料の基本から、調理テク、便利グッズまで

06 手作り万能だれ 基本の「き」

16 和の万能だれで作る基本レシピ

予約のとれない店「賛否両論」の笠原将弘さんが教える

- 笠原さんのしょうゆだれ
- ゆず味噌だれ
- 昆布しょうがだれ
- 笠原さんの味噌だれ
- のりじょうゆだれ
- ごまクリームだれ

30 中華料理の万能だれ

「赤坂璃宮」譚彦彬さん直伝 辛・酢・甘・香 自由自在の黄金美味！

- チリソース（干焼汁）
- 特製にんにくソース（蒜茸汁）
- バンバンジーソース（棒々鶏汁）
- 特製辛味ソース（公保汁）
- 黒酢ソース（蠣油黒酢）

CHINESE

JAPANESE

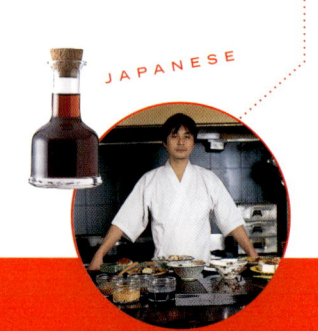

※本書はBEST MOOK SERIES vol.99
「男子食堂別冊　忙しい男子の万能だれ極旨レシピ」を
再編集したものです。

STANDARD

44 "韓流万能だれ"で作る男子の韓国料理

「おんがね」金順子さんが家庭で簡単に作る極意を公開!

- 万能コチュジャン
- チョコチュジャン
- 万能しょうゆだれ
- タデギ
- ヤンニョムコチュジャン

KOREAN

58 イタリアン万能だれ

「アルポルト」片岡シェフが伝授する

- トマトソース
- バジリコソース
- ケッパーソース

ITALIAN

70 「男子の定番5大万能だれ」で作る 極旨おかず

料理研究家・村田裕子さんに教わる

- 昆布じょうゆだれ
- アンチョビツナマヨだれ
- ピリ辛味噌だれ
- ミックス野菜のケチャップだれ
- ねぎ塩だれ

82 週末作り置き副菜だれ6種

ひじき煮、酢の物、煮っころがし…定番の副菜がササッと作れる!

- ひじき煮のたれ
- 酢の物だれ
- ペペロンチーノだれ
- 煮っころがしのたれ
- ナムルだれ
- ぬたのたれ

SIDE DISH

押さえておくべき
知識を網羅!

調味料の基礎から、調理テク、便利グッズまで

手作り万能だれ

基本の「き」

監修 川上文代さん

「デリス・ド・キュイエール川上文代料理教室」主宰、料理研究家。辻調理師専門学校卒業後、同校職員として勤務した後、独立。著書「イチバン親切な教科書」シリーズは10冊以上を刊行し、料理上達の手引書として人気だ。また、料理教室にはフレンチレストランも併設。

いつもの料理を格段においしくしてくれる、万能だれ。そんな魔法のたれには、いろんな種類が存在する。だからこそ押さえておきたい、基本中の基本を川上先生が伝授!

撮影/寺奥竜平 取材・文/藤田幸子
イラスト/村林タカノブ

ひと目でわかる！「万能だれ」の全貌

万能だれは、料理の可能性を無限に広げる!!

ラー油にカリカリの食感の揚げにんにくや玉ねぎを入れた「食べるラー油」ブームをきっかけに、大ブレイクした万能だれ。

「従来の調味料と違うのは、保存性はそのままに、香味野菜などの食感や香りが加わり、さらに味に奥行きがあるということ」と川上文代先生。炒め物、煮物、食材の下味つけ、汁物に、そして、ご飯や麺にかけたりと、万能な活躍ぶりも魅力だ。

「市販の万能だれも和・洋・中とバリエーションが増えているようですが、調味料選びから作業工程まで、自分の目で確かめて作ったれは、好みに合わせて味を調整できますし、保存料や化学調味料に頼らないので、自然の旨みが活かされ、体に優しい味になります」

また、作り置きをしておけば、調理時間も短縮できる。

「"おいしい一品があっという間に作れる"、"自家製"という満足感が食卓の心も豊かにしてくれます」

慣れれば、酒もレパートリーも無限に増やせるとか。まずは基本を身につけるところから始めよう。

合わせ調味料をベースに、風味がさらに増す香味野菜などを加えたのが万能だれ。普通の合わせ調味料よりも料理への応用範囲が広く、また、食感なども楽しめる。ここでは具体例とともに、その全貌を解説する。

香り、味わいだけでなく、食感や刺激なども演出

しょうゆ、みりん、酒という定番の合わせ調味料に、食材AやBを加えると、さらに香り、旨み、甘みが複合的になり、味わいに立体感が生まれる。また、食材が持つ食べ応えのある食感や、さっぱりした刺激感もプラスできるので、料理への応用の幅も格段にアップさせることができる。

例えば…「万能しょうゆだれ」2種の具体例でみると

調味料：しょうゆ／酒／みりん

食材A：すりおろししょうが／すりおろしりんご

食材B：ごま／ねぎ

↓

食材をプラスした万能な合わせ調味料

万能だれはココがすごい！

1 味つけが本格的に！
数種の調味料と香味野菜などを組み合わせているので、複合的な旨みやまろやかさが生まれる。しかも、肉や魚の臭みを消すなど一石二鳥の効果で、手軽に本格的な味つけが実現。

2 料理への応用力が高い！
どんな食材にも適応し、調理法も選ばず、主食、主菜、副菜、汁物と幅広いメニューを生み出す。さらに加える調味料やスパイス次第で、洋食、中華、エスニックにも簡単にアレンジできる。

3 保存性がバツグン！
合わせ調味料や食材によって保存期間はさまざまだが、砂糖、塩、しょうゆ、味噌、酒などは、元々殺菌や保存性を高める効用があるもの。さらに火を通しておけば、長期保存も可能だ。

まずは「万能だれ」のイメージを広げよう

万能だれの3大メリット

万能だれは、食材も調理法も選ばない。かつ、かけるだけなので、調理時間も短縮でき、味も安定している。ここでは普通のたれとは違う、万能だれならではの万能ぶりを紹介しよう。

主菜から副菜まで料理の幅が広がる！

　万能だれは野菜、肉、魚など食材を選ばず使えるのが魅力。しかも和える、炒める、煮る、かける、下味付けや漬けだれにと、調理法も限定されないので主食、主菜、副菜、汁物まで幅広いメニューを網羅できる。食材や調理法を変えるだけでバリエーションが広がるので、初心者でもレパートリーが難なく増やせるのが最大のメリットだ。

味つけがブレずに安定する！

　複数の調味料ですでに味が完成されているので、ほかに手を加える必要がない。作りたい料理に合わせて食材を用意したら、炒めるにしても、煮るにしても、和えるにしても、万能だれを注ぐだけ。慌てて味つけをする必要がないので、その分火加減などに注意を払えば落ち着いて調理ができ、味のブレはもちろん、仕上がりもグッと安定する。

調理時間が短縮できる！

　通常の料理だと、複数の調味料を量ったり、香味野菜を刻んだりと、たれ作りだけでも時間がかかるもの。だからこそ、週末など時間がある時に万能だれの作り置きをしておこう。万能だれさえあれば、炒め物ならあっという間に完成。煮物などでも事前の準備が時間短縮できるので、作業の負担が大きく軽減。こうして料理にますますハマるはず！

万能だれの上手な使い方

調理の味つけだけでなく卓上調味料としても活躍

炒める、煮る、和えるなど調理の味つけに使うだけでなく、食材の下味つけや汁物のベース、漬物やマリネ液にも……と調理全般で活躍。さらには、ご飯や麺類、豆腐などにそのままかけるだけでもOKな、卓上の調味料としても使える。

また、万能だれに使われている香味野菜は、食材の臭み消しや"具"としての食感、香りをプラスするなどの役割がある。だからこそ下のような使い方にも活きるのだ。

万能だれは、さまざまな食材、調理法をカバーできるので、簡単お手軽に応用が可能だ。ここでは特に万能だれならではの使い方の具体例を紹介しよう。

P7の食材Bのたれ 
そのままご飯にかけて食べられる!
具が入った万能だれなら、白いご飯をはじめ、うどん、そばなどでも、かけるだけであっという間に食べごたえのある一品を完成させてくれる。

P7の食材Aのたれ 
肉・魚などの下味付けに活躍!
仕上げの味付けだけでなく、焼き肉、照り焼きなどの下ごしらえにも活躍。ねぎ、しょうが、にんにくなどの香味野菜は臭みを消し、りんごの酵素は肉をやわらかく仕上げる働きが。

P7の食材Aのたれ 
スープや汁物のベースの味つけに!
例えば和風だし、チキンスープなどにプラスすれば、汁物の味つけも簡単に。香りの良い万能だれならお湯でのばすだけでもOKと、便利さはこの上なし。

P7の食材Aのたれ 
漬物用の漬けだれにもOK!
生野菜をビニール袋に入れて、万能だれを加えて軽くモミモミ。しばらく置いておくだけで、自家製の漬物もできてしまう!酢などの酸味を加えてマリネにアレンジも可能。

合わせ調味料の5大基本比率

毎日使える万能合わせ調味料の比率をマスター

日本には、八方だし、だし割りじょうゆ、めんつゆ、味噌だれ、ポン酢、二杯酢、三杯酢、土佐酢など、作り置き可能な万能だれ的合わせ調味料が多数存在する。

「まずは、すでに完成された、揺るぎない先人の知恵を学ぶことが、万能だれ名人の第一歩になります」

と川上先生。レシピを見ながら調味料の分量を量るのも大事だが、この黄金比率を頭に入れておけば、今後の応用力に必ずつながる!

和食の伝統的基本だしは、実は万能だれの元祖。これらをベースに、和食以外にもいろいろ応用できる、調味料の黄金比率を紹介しよう。

和の基本だれ
酒 みりん しょうゆ
1:1:1
肉、魚、野菜と食材を選ばず、煮る、焼く、炒める、漬けるなど調理法もオールマイティ。和食のあらゆる料理を網羅する万能だれの代表格だ。冷蔵で1ヶ月保存できるので、多めに作り置きを。

ポン酢しょうゆ
しょうゆ みりん 酢 かぼす
5:1:2:4
かぼす、ゆず、橙など柑橘の絞りたて果汁を使えば、市販のものに比べて、さわやかな香りが格別に。野菜、魚介、肉料理にかけるなど、さっぱりとした風味で食べたい時にぜひ。冷蔵で2〜3週間保存OK。

みそだれ
酒 だし みりん 砂糖 味噌
1:3:3:3:6
生野菜をはじめ、ゆでる、蒸すなどした野菜のディップ用に使える。こんにゃく・豆腐にのせて焼くとみそ田楽にも。おにぎりに塗って焼けば、香ばしさがたまらない。冷蔵で1週間保存OK。

だし割りしょうゆ
酒 だし しょうゆ
1:2:2
しょうゆの風味を活かしながら辛過ぎないよう調理できるので、例えば豚肉の炒め物や焼きうどんなどに利用して香ばしさを楽しもう。湯豆腐のつけだれ、納豆の味つけにも。冷蔵で1週間保存OK。

八方だし
みりん しょうゆ だし
1:1:8
めんつゆ、天つゆ、うどんやおでんのだし、丼もの、煮物、茶碗蒸し、だし巻き卵など、だしの風味を活かした定番和食のあらゆる場面で使えるので"八方"の名がつく。冷蔵で1週間保存OK。

「万能だれ」を作る上での予備知識

調味料の正しい量り方

まずはレシピ通りの分量を正しく量る。それが、おいしい万能だれ作りへの第一歩でもある。だからこそ、計量器具の基礎知識や正しい量り方をしっかりと身につけておこう。

[単位の基本]

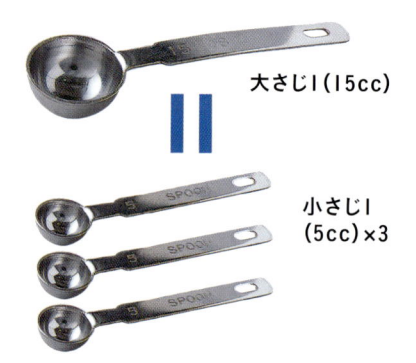

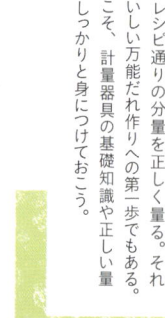

計量スプーンを使いこなして的確な味の決め方を体得!

計量スプーンの大さじは、15cc(ml)、小さじ5cc(ml)。計量カップは200cc(ml)(※米用のカップは1合=180cc)で標準化されている。ただしレシピには、調味料の場合、cc(ml)やgではなく大さじ、小さじで表記されている場合が多いので、計量スプーンは必ず揃えておきたい。
また、使っている砂糖、塩、しょうゆなどの特性の違いもあるので、慣れないうちはレシピ通りに計量し、料理の味を覚えてから自分なりに加減をしていこう。

大さじ1(15cc) = 小さじ1(5cc)×3

1カップ(200cc)

ココに注意!
体積と重量は違う

水15ccを単純にグラム換算すると、15gだが、小麦粉や砂糖、塩など粒子の大きさが不定形なものは、空気も含まれた体積となり、実質の重量は15gにならない。上から押さえて空気を出せば体積は小さくなるなど、量り方で重量が変わることも頭に入れて計量しよう。

ex.
水	小麦粉
大さじ1(15cc)=15g	大さじ1(15cc)=9g

半端な重量の場合は…
正確性ではクッキングスケールの右に出る者なし。調味料を入れる容器の重量をあらかじめ引いて、継ぎ足しながら量れるのも魅力。

[計量の基本]

粉、ペースト、液状で量り方の違いを身につける

たれ作りで使用頻度の高い計量スプーン。調味料を入れて、すり切ることが正確な計量のポイントだ。まず、粉、ペースト状のものは塊のない状態で山盛りすくってから平らなヘラやナイフの背ですり切る。表面張力のある液体は、縁いっぱい、とはいえ、動かしてもこぼれない程度に。大さじや小さじ2分の1、4分の1の場合、液体の場合は目分量になるので、小さじ2分の1、4分の1量のスプーンもあると便利だ。

計量スプーンを使うとき

	ペースト&粉状の場合	液状の場合
大さじ (小さじ) 1	塊のない状態で山盛りすくってからすり切る。粒子の粗いものは軽く押さえ、ペーストは隙間がないか注意して。	 こぼれないよう注意して縁いっぱいに入れる。濃度のあるものはすり切る。たれを合わせる容器の上で作業をしよう。 
大さじ (小さじ) 1/2	大さじ(小さじ)1の状態にすり切ったあと、中央から半分を落とす。粉ものは滑りやすいので一気に落とすこと。	 半円形の計量スプーンは、底になるほど容量が少なくなるので、半分の深さよりも少し上まで入れる。 
大さじ (小さじ) 1/4	大さじ(小さじ)2分の1の状態からさらに半分を落とす。	 半分の深さの少し下を目安に入れる。 

10

知っておきたい調味料の基本知識

調味料は風味や味わいだけでなく、相互作用でまろやかさや旨みがアップする場合も。また、食材の色や栄養を保ったり、殺菌、防腐効果もある。特性を把握して、効果的に活かそう。

［調味料の効果と役割］

加える順番が味や風味に影響する

調味料を入れる順番は、一般的に「さ」「し」「す」「せ」「そ」といわれる。砂糖の分子は大きく、食材に染み込みにくいため最初なのだ。逆に塩分は浸透が早く、かつ細胞を引き締める効果があるので、先に入れると砂糖が浸透する余地がなくなり、辛さが勝ってしまう。また、しょうゆ、味噌が後の方なのは、沸騰させると香りが飛んでしまうから。酢は、臭み消しなら先に、酸味を活かしたいなら最後に。

「さ」砂糖 — まずは砂糖から投入が鉄則
苦みを減らし、酸味を和らげる。また、タンパク質が固まるのを遅らせ、やわらかくする作用があるので、肉の下味つけにも適する。防腐作用あり。

「し」塩 — 一気投入厳禁！味を見て調整を
甘みを引き立て、酸味を和らげるので隠し味に少量使う場合もあり。食材への脱水作用による防腐効果や、葉緑素を安定させてより鮮やかにする効果も。

「す」酢 — 防腐＆殺菌作用で保存効果高し
爽やかな風味だけでなく、塩味をまろやかにする効果も。色止め、色出し、カルシウム（魚の骨）の軟化、殺菌効果があるので、多様な食材のマリネに適する。

「せ」しょうゆ — 旨みたっぷり、香りも活かして
甘・塩・旨・苦・酸が調和。なかでも旨味成分と芳香に富む。消臭・殺菌効果もあり。肉や魚の漬けだれにすれば、焼いた時の香ばしさも活かせる。

「そ」味噌 — 煮立てるのは厳禁
独特の香りとコクが特徴。栄養価にも優れている。また、大豆のタンパク質が匂いを吸着し、臭みを消す。油脂の酸化を防止するので保存効果も高い。

野菜や果実も立派な調味食材

にんにく、しょうが、ねぎや、バジルやミントなどのハーブ類も独特の香りや風味、旨みを持ち、たれの味わいをアップさせてくれる。酢の代わりに、レモンやゆずなど柑橘類を利用するのもおすすめ。すりおろしたりんごのたれに多用される。

にんにく
生のままでは刺激的な風味だが、油で炒めるとまろやかで香ばしく、食欲をそそる。肉の臭み消しにもOK。

しょうが
生で、または油で炒めて香りを出して使用。肉や魚の生臭みを消し、辛みでシャープな味わいにしてくれる。

ねぎ
辛味と旨味、独特の香りが食材を引き立てる万能薬味。生または、油で香り出しをして。

［調味料と味の方向性の関係］

味の特性をバランスよく活かす

甘味、旨味、塩味、辛味、酸味で味のバランスを取った上で、さらに香りをプラスしてハーモニーを完成させるのが極上の万能だれを生みだすテクニック。右の図で各調味料の中に含まれている味の特性を知ることで、バランスよい組み合わせを目指そう。

※右の図では各調味料の中で特に強い味の方向性を基準に分類しています。「しょうゆ」のように塩味や旨味を合わせ持つものもあります。

甘味
・白糖 ・黒糖
・きび砂糖
・みりん
・ハチミツ
・ケチャップ etc…

酸味
・酢
・ゆず、レモンなど柑橘類
・ワインビネガー
・バルサミコ etc…

旨味
・昆布 ・カツオ節
・きのこ類 ・酒
・帆立 ・桜えび
・オイスターソース etc…

辛味
・唐辛子類
・わさび ・からし
・カレー粉
・コショウ
・マスタード etc…

塩味
・塩
・しょうゆ
・魚醤
・味噌
・ゆずこしょう etc…

香り
・七味
・ごま
・しそ
・ハーブやスパイス etc…

「万能だれ」作りの実践テク

たれ調理術

作業や、コツ、裏技を川上先生が伝授。
アップすること間違いなし！

つぶす

POINT　麺棒がなければ空き瓶で代用可能

空き瓶を利用する場合、ラップで包んで使うと衛生的。破損を防ぐこともできる。終ったら、ラップをはずすだけ。洗う手間が省けるので納豆などの粘り気のあるものもこの技で。

食材は熱いうちにつぶせ！

つぶした野菜をたれに加える場合は、ゆでる、蒸す、電子レンジを使うなどして加熱し、やわらかくしてから熱いうちにつぶすのがポイント。特にいも類は、冷めるとでんぷん質がノリ状になり固くなるため、つぶしづらくなり、調味料も浸透しにくくなるからだ。また、つぶすための専用の器具がない場合は、空き瓶を利用するとよい。

切る

POINT　にんにくの芽は竹串でプッシュ

にんにくを繊維に直角に切った場合、芽は、先端と底から竹串などで押して取り除こう。ヨーロッパでは、芽がついたままだと胸やけを起こすと言われている。

繊維の方向を意識して切る

たれ作りで最も頻繁に行なう野菜のみじん切り。繊維の方向を意識するのとしないのとでは、香りに歴然とした差が出る。香りを出したい場合は、"繊維に対して直角に切る"と覚えておこう。また、パセリのように縮れているものは、よく振り洗いして水分をしっかり取ってからみじん切りに。

すりおろす

POINT　食材の角を使ってムダなく集める

すりおろしていると、おろし器の目に繊維がつまってくる。その場合、すりおろすのに使っている野菜のエッジを使い、目と目の間をすべらせると、きれいに取ることができる。

繊維を意識して、風味の出方を調節

しょうが、にんにく、大根などの香味野菜は、おろし器に対して上下に力強く動かすと辛味や風味が増す。まろやかな風味にしたい場合は、やわらかく円を描くように動かそう。また、おろし器の目が細かいものは水分が出るため、汁も使いたい時用に。粗いと汁の出が少なく、薬味向き。

たたく

POINT　瓶は危険！必ず木製の棒で

固い食材は破損の危険があるので、瓶などは避けて必ず木製を使おう。また、ファスナー付きなど密閉できる袋なら、そこに調味料を加え、そのまま保存することも。

食材が飛び散らない裏技

たれに入れる食材は野菜に限らず、細かくしてから加えると混ざりやすく香りも出る。ナッツ類など飛び散りやすいものや、納豆のように粘り気のあるものは、ビニールに入れて麺棒やすりこぎでたたくと散らからず、ボウルや口径の狭い保存容器などにもスピーディにムダなく移すことができる。

基本の8大

たれの調理に頻度高く登場する調理行程において、実践す〜
これさえ身に付けておけば、効率もでき上がりの味わいも確〜

混ぜる

POINT ボウルのすべり止めは、タオルで
水に濡らした布巾やタオルをねじり鉢巻の要領でひねり、両端を交差させて輪を作る。その上にボウルを載せると斜めに置いても滑らず安定してかき混ぜやすい。

固いものから順番に加える

複数の食材を混ぜ合わせる場合は、例えば、味噌→砂糖→マヨネーズ→しょうゆといった具合に、固いものから順番に入れる。こまめに味見しながら食材を少しずつ加えていくと失敗がない。また、ボウルは斜めに傾けて、中身を寄せるようにすると、よりかき混ぜやすくなる。

煮詰める

POINT 鍋肌をきれいに保って焦げつき防止
煮詰まってくると、鍋肌が乾燥し、温度も高くなって焦げやすい。ヘラを鍋肌に沿って移動し、こそげるようにして焦げつきを防ごう。密着度の高い耐熱性のシリコンベラが便利だ。

3段階の火加減で旨みを凝縮

水分を飛ばし、煮詰めて旨みを凝縮させるたれもある。その場合、まずはふたをせず、強めの火加減で水分を飛ばし（口径の広い鍋を使う方がよい）、ある程度煮詰まってきたら弱火にして時々鍋をゆすったり、かき混ぜながらじっくり火を入れ、濃度がついてきたら、極弱火にしてこまめに混ぜながら仕上げる。

煮切る

POINT 鍋を傾けると表面に炎があがる
しばらく沸騰させるだけで充分に飛ぶが、鍋を傾けると、鍋の中に火が入り、炎が消えれば煮切り完了の目安となる。炎があがり危険なので、覗き込まないように。

酒、本みりんは沸騰させて使用

酒、本みりん（みりん風調味料は不要）を加熱、沸騰させて不要なアルコール分を飛ばし、旨みを引き出すことを"煮切る"という。調理に加熱行程のないたれの場合、あらかじめ、煮切ってから他の食材と合わせる。そうしないと、食べた時にアルコール臭さがおいしさの邪魔をすることに。

香り出し

POINT 食材の音に注意を払って、焦げ防止
火加減の極弱火とは、炎が鍋についていない状態のこと。食材を入れたあと、しばらくしてからジューッと静かな音がし続けている状態を保とう。パチパチ弾けるのは温度が高過ぎ。

多めの油で揚げるように炒める

にんにく、ねぎ、しょうが、唐辛子など香りを出したい食材を炒める場合、温度が低過ぎると香りが出ず、高過ぎると香りが出る前に焦げてしまうので注意したい。鍋に少し多めに油を入れ、食材を入れてから極弱火でじっくり揚げるよう火を入れれば、食材の香りを充分に油に移すことができる。出てくる泡が細かいことが目安。

オススメ便利グッズ12

たれ作りをレベルアップさせる秘密兵器

食材を正確に量ったり、すりおろしたり、あるいは保存したり……。万能だれの調理や保存にとても便利で、作業効率やデザイン性も高い、おすすめのキッチンツールを紹介。

調理が楽しくなる快適な使い心地のものを

「たれは外気に触れるほど酸化が進むので、密閉度の高い保存容器を選びましょう」と、川上先生。

中身がよく見えるよう透明で、匂いや色が移りにくいガラス製が理想だが、プラスチック製なら、耐熱性があり、煮沸消毒ができるものを選びたい。また、冷蔵庫に重ねて収納できるものも便利とのこと。

「画期的アイデア！」と川上先生も特にイチオシのグッズは、上から覗くだけで液体の量がわかるオクソーの計量カップと、従来の常識を打ち破り、安定感がアップした貝印の計量スプーン。

ちなみに、マイクロプレインのおろし金の切れ味は「何でも擦りおろしたくなるほど気持ちいい」とのこと。また、シリコン製のヘラやスケッパーは食材やたれの移し替えの必需品だ。

［保存容器］

振って、作ってと、そのまま使用、保存OK

HARIO GLASS（ハリオグラス）
ドレッシングボトル
スリム240ml

1260円／径55mm（口径37mm）×高さ203mm
問ハリオグラス
☎0120・398・207

シリコンゴムの注ぎ口付き中栓に加えて、ネジ式の密閉フタ付き。ボトル部分は耐熱ガラス製なので、色や匂いが付きにくく衛生的。

たれの保存性を高めるために、必ず熱湯消毒を。ガラス製の場合、念のため鍋に布巾などを敷いてからボトルを入れて破損を防ごう。

ワンタッチ開閉＆積み重ね収納もできる優れモノ

OXO（オクソー）
ロックトップコンテナ
0.6L-Sスクエア
ロックトップコンテナ
0.4L-Sスクエア

840円（右）、735円（左）
／縦115×横115×高さ120mm（右）
縦115×横115×高さ80mm（左）
問オクソー
☎0570・03・1212

ふたの白いフレームを上げ下げするだけの簡単開閉ながら、優れた密閉力で液もれの心配なし。ふたを浮かせば、電子レンジでの使用も可能だ。

［計量スプーン］

貝印
計量スプーン
DH-3006

1260円
／最大（大さじ）長さ139×幅31×高さ22mm
問貝印
☎03・3862・6410

スプーンの底が平で柄先がカーブ。開口部が狭く、深い形状など安定感があり、計り置きも可能。さらに、小さじ½スプーン付きなど正確性も使い勝手も抜群。

水平に置ける設計、小さじ½付きで便利！

［計量カップ］

OXO（オクソー）
アングルドメジャー
カップ（小）

1260円
／縦150×横90×高さ90mm
問オクソー
☎0570・03・1212

内側の傾斜した目盛りが画期的。置いたまま計量、調整可能。注ぎ口が鋭角だから液ダレを防止。滑りにくいグリップで作業性能も高し。

持ち上げなくても上からひと目で計量可

[すり金器]

Microplane(マイクロプレイン)
プレミアムシリーズ　ゼスターグレーター

3150円
／長さ318×幅(柄)35×厚さ(柄)33mm
(問)池商 ☎042・795・4311

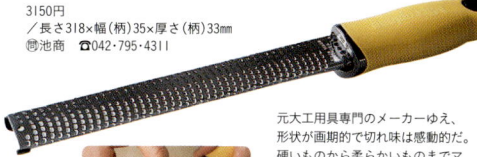

元大工用具専門のメーカーゆえ、形状が画期的で切れ味は感動的だ。硬いものから柔らかいものまでマルチに対応。刃先に滑り止め付き。

> 目詰まりせず、持ちやすいグリップ

[ボウル]

brabantia(ブラバンシア)
ミキシングボウル　1L(1.6L、3Lもあり)

2940円（3990円、5040円）／径175×高さ95mm
(問)シイノ通商 ☎03・5443・2551

本体は丈夫で衛生的なステンレス製。底にシリコンの滑り止め付きで安定感あり。計量カップを使わずとも量が分かる目盛り付き。

> 目盛り付き、滑り止め付きで作業効率アップ

[ドレッジ]

TIGER DROWN(タイガークラウン)
PCドレッジ

242円
／縦95×横120×厚さ3mm
(問)タイガークラウン ☎0256・63・2192

直線の辺はみじん切りにした食材を、アールを描くもう一辺は、ボウルで合わせたたねを別容器に移す時、取り残しなく無駄を省ける。

> みじん切りの食材や液体の移動に便利

[シリコンスパチュラ&スプーン]

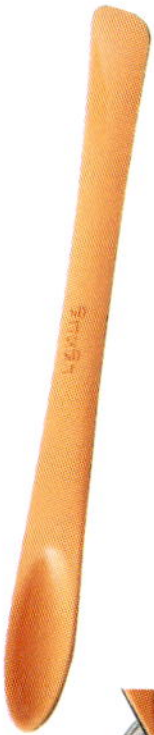

Lekue(ルクエ)
Duoツール　ミニスプーン&瓶用スパチュラ

2205円
／長さ250×幅28×厚さ12mm
(問)コラムジャパン
http://www.coram.co.jp

スリムタイプなので、瓶など口径の狭いものにも対応。瓶口や内側の壁に付いたたれなどを集めたり、こそげ取ることができ、便利。

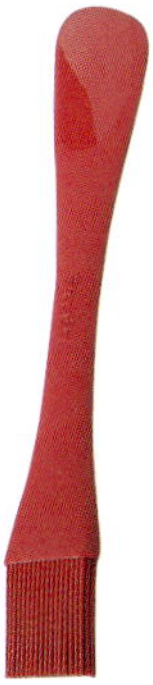

Lekue(ルクエ)
Duoツール　ブラシ&スパチュラ

2415円
／長さ250×幅47×厚さ12mm
(問)コラムジャパン
http://www.coram.co.jp

一方をヘラとして、もう一方は刷毛として使用できる。つなぎ目のない一体型。毛が抜けず、洗浄も簡単で衛生的に保ちやすい。

> 耐熱性の高いシリコン一体型、1本で何役も

[クッキングスケール]

TANITA(タニタ)
デジタルクッキングスケール　KD-400

5250円／縦224×幅160×高さ33mm
(問)タニタお客様サービス相談室 ☎0120・133・821

コンパクト収納に加え、容器をのせてボタンを押すと重さ表示がゼロになる「風袋引き機能」を利用して、複数材料の追加計量も可能。

> 折りたたんで収納可能なコンパクト設計

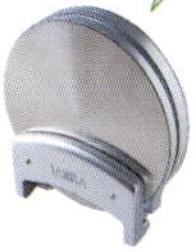

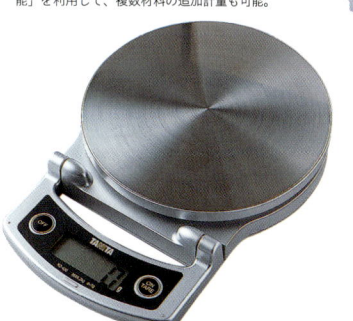

[ハンドミキサー]

Cuisinart(クイジナート)
スマートスティックハンドブレンダー

1万500円／縦56×横56×高さ352mm（ブレンダー時）
(問)クイジナート ☎0120・191・270

ソース作りや野菜のみじん切り、肉のミンチとしてはもちろん、アタッチメントを変えて泡立ても可能。グリップにヘコみがあり握りやすい。

> 撹拌、泡立て、みじん切り、一台で3役！

味つけが難しそうな和食が簡単！お手軽に！

予約のとれない店
「賛否両論」の
笠原将弘さんが
教える

和の万能だれで作る基本レシピ

その名の通り、料理の「味」を決める味つけ。和食の場合、「さしすせそ」の順番を考えたり、何回かに分けて調味料を加えたりと面倒そう。そこで、誰でも簡単に味つけができる万能だれとそのレシピを、人気料理人の笠原さんが提案！

取材・文／岡村理恵　撮影／鵜澤昭彦

味つけの配合を覚えれば、意外に和食は簡単だった！

和食というと、下ごしらえから調理、盛りつけまで、繊細な技術を求められそうでなかなか敷居の高い存在。とくに味つけは難関だ。同じ煮物を作っても、味が濃くなりすぎたり、反対に薄くなったり、作る度に味がブレてしまうという人も多いのではないだろうか。そこで、和食界の若き達人、「賛否両論」の笠原さんに、一度の調味でどんな料理の味もピタリと決まる「和の万能だれ」を教えてもらった。基本のしょうゆ味、味噌漬け焼きなどの、和食の基本レシピがマスターできる。

監修
笠原将弘

季節の料理を手軽なコース料理で食べられる店「賛否両論」のマスター。おいしくて作りやすいレシピと明快な説明が評判を呼び、TV、雑誌でも大活躍。

賛否両論
☎03・3440・5572
㊑東京都渋谷区恵比寿2-14-4 大田ビル1F
㊋18：00～25：00（L.O.23：00）
㊡日・祝

和の基本だれ 1

作業時間…5分 ※冷ます時間除く
保存期間と保存方法…1週間
水気のついていないきれいな密閉容器や保存用の瓶に入れ、冷蔵庫で保存。

笠原さんの
しょうゆだれ

煮物から焼き物まで
何でもOK！
和食の大定番が作れる

笠原アドバイス

「みりんとしょうゆは和食の基本」

和食では、しょうゆとみりんさえあればたいていの料理の味つけができます。基本の調味料といっていいでしょう。今回紹介したしょうゆだれは、ご飯に合う甘めの味つけにするため、しょうゆに対してみりんを倍量にしました。こうすると日もち良くなります。

それぞれを同量ずつ入れれば、大体の味のバランスがとれます。

材料

(作りやすい分量)
水…1½カップ
みりん…1カップ
しょうゆ…½カップ
昆布…5g
カツオ節…10g

作り方

1 鍋に材料を入れる
鍋に水、みりん、しょうゆを入れる。

2 昆布、カツオ節を加える
昆布の汚れを布巾で拭いて加え、カツオ節も加える。

3 煮立たせる
強火にかけ、沸騰したら30秒ほどで火を止める。

コツ! 煮立たせてみりんのアルコール分を飛ばす。

4 粗熱をとる
そのままおき、手で鍋がさわれるくらいまで冷ます。

コツ! 冷めていく間にも、昆布やカツオ節の旨みが煮汁に移る。

5 ざるでこす
ボウルの上にざるをのせ、4の煮汁をこす。

6 カツオ節をしっかりしぼる
カツオ節が煮汁を含んでいるので、お玉などで押しつけるようにして汁気をしぼる。

コツ! カツオ節から出るうまみは一滴も逃さない!

昆布とカツオ節で煮立てて旨みの濃いしょうゆ味に

「しょうゆ味は、和食で一番ベースになる味。煮物や焼き物など、いろいろな料理に使えるように、だしの旨みを効かせたしょうゆだれを作りましょう」

と笠原さん。まずはだしをとってからしょうゆを加えるのかと思いきや、鍋に最初から昆布も削り節も入れて火にかけた。

「だしのとり方、使い方はいろいろあります。よくいう一番だしは、昆布を沸騰前に引き上げてカツオ節を入れる方法で、お吸いものなどの、繊細な味わいのだしにするときのやり方。しょうゆ味には、昆布も削り節も煮立たせ、少しえぐみが出るくらい強い味を引き出したほうが合うんですよ」

この方法なら、わざわざだしをとらずに、一つの鍋で作れるから簡単だ。また、しょうゆだけだと塩辛く感じることもあるが、だしの旨みが加わると全体がまろやかな味わいになる。さらにみりんの甘みが入ることで、みんなの好きな『甘辛味』になるのだ。

「昆布もカツオ節もしょうゆと一緒に少し煮立ててから火を止めます。粗熱がとれるまでおくのがポイント。冷めていく間に、旨みと香りがさらにしょうゆに移ります」

関東風玉子焼き

冷めてもおいしい 濃いめの甘辛味

しょうゆだれ レシピ

材料（2人分）
- 卵…3個
- 大根おろし…大さじ2
- しょうゆだれ…大さじ2
- サラダ油…適量
- しょうゆ…少々

作り方
1. ボウルに卵を割りほぐし、しょうゆだれを加えて混ぜ合わせる。
2. 玉子焼き器を熱してサラダ油をなじませ、①の⅓量流し入れて焼く。向こう側から手前に向けて2〜3回折りたたむ。卵を向こう側に移動させ、空いた手前に①の半量を流し入れる。同様に手前に折りたたみ、もう1回それを繰り返し、長方形の卵焼きを作る。
3. 皿に盛り、大根おろしを添えてしょうゆをたらす。

ポイント
卵はほぐしすぎない程度にさい箸で混ぜ、しょうゆだれを加える。

しょうゆだれ使いの極意

ご飯に合う、少し甘いめんつゆと覚えよう

「しょうゆだれは甘みが強めなので、ご飯に合います。特に丼物にはぴったりだね。紹介した親子丼のように、水で薄めずそのまま煮て卵とじにするとちょ…」

豚のしょうが焼き

おろししょうがを加え より香ばしく

しょうゆだれ レシピ

材料（2人分）
- 豚肩ロース肉しょうが焼き用…200g
- つけ合わせ
  - キャベツ…¼個
  - みょうが…2個
  - 青じそ…5枚
- 貝割れ菜…½パック
- しょうがのすりおろし…大さじ1
- **しょうゆだれ…大さじ4**
- サラダ油…適量

作り方
1. 豚肉をボウルに入れ、しょうが、しょうゆだれを加えてもみ込む。つけ合わせの材料はすべてせん切りにして混ぜ、冷水に5分ほどさらしてシャキッとさせてざるに上げる。
2. フライパンを熱してサラダ油を薄くしき、①の豚肉の汁気をきって入れる。両面に焼き目がついたら、残った漬け汁を加えて全体にからめる。器に盛り、つけ合わせの野菜を添える。

ポイント
肉の下味にしょうゆだれを使う。しっかりもみこんで味をなじませて。

ごま油のコクが加わり風味豊かな炒め煮に

筑前煮

しょうゆだれレシピ

材料（2人分）
- 鶏モモ肉…100g
- 生しいたけ…4枚
- れんこん…100g
- ごぼう…100g
- にんじん…50g
- 木の芽…適量
- ごま油…大さじ1
- しょうゆだれ…¼カップ
- 水…1½カップ

作り方
1. 鶏肉は一口大に切る。しいたけは軸を取って4等分に切る。れんこん、にんじんは皮をむき、ごぼうも皮をかるくこそげて一口大の乱切りにし、熱湯で5分ほどゆでてざるに上げる。
2. フライパンを熱してごま油を入れ、中火で①の材料を炒める。鶏肉の色が変わったらしょうゆだれ、水を加える。
3. 煮立ったらアルミホイルで落としぶたをし、汁気がほぼなくなるまでときどき混ぜながら煮る。器に盛り、木の芽をのせる。

ポイント
しょうゆだれに水を加えて薄めるだけで、煮物の煮汁が完成。味つけが簡単に決まる。

うどいい味加減。同じようにして、カツ丼や牛丼にすることもできますよ。鶏のつくねやモモ肉のソテーの仕上げに加えて照り焼きにしたり、から揚げの下味にしたりしてもおいしい。

"だし入りのしょうゆ"、いわば自家製のめんつゆと考えれば、使い方も想像しやすいでしょう。水で少し薄めれば筑前煮や肉じゃが、魚の煮つけといった煮物の煮汁になるというわけだ。和え物の味つけをしたり、冷や奴にかけるといった使い方もオススメ。

とろとろの半熟卵子が甘辛味をやさしく包み込む

親子丼

しょうゆだれレシピ

材料（2人分）
- 鶏モモ肉…100g
- ねぎ…½本
- 三つ葉…3本
- 卵…3個
- 焼きのり（全型）…½枚
- 温かいご飯…どんぶり2杯分
- しょうゆだれ…¾カップ
- 粉山椒…少々

作り方
1. ねぎは斜め薄切りにし、三つ葉は長さ1cmに切る。鶏肉は一口大のそぎ切りにする。のりは細切りにする。
2. 鍋にしょうゆだれ、鶏肉、ねぎを入れて中火にかける。煮立って鶏肉の色がほぼ変わったら、卵をボウルに割りほぐし、半量を鍋に回し入れる。再び煮立ってきたら残りの卵液を回し入れ、卵がまだ半熟のうちに三つ葉を散らし、火を止める。
3. 丼にご飯をよそって②を盛り、のりを散らし、粉山椒をふる。

ポイント
丼ご飯には少し濃いめの味つけが合うので、しょうゆだれを薄めずそのままで煮る。

| 和の基本だれ 2 | 作業時間…5分
保存期間と保存方法…1か月
水気のついていないきれいな密閉容器や瓶に入れ、冷蔵庫で保存する。 | 笠原さんの
味噌だれ |

風味とコクのある力強い味わいで肉にも魚にも合わせやすい

笠原アドバイス

「同じ味噌でも、種類によって味が違う」

一般的なのは米味噌ですが、近畿地方の白味噌は色が薄い甘口。東北地方のものは赤褐色の辛口とさまざまです。レシピで紹介するときは信州味噌をベースにしますが、ものによって味は違います。砂糖と合わせるときは少し辛口のものを使うとよいでしょう。他には、愛知や三重などで使われる赤褐色の豆味噌、九州の麦味噌などもあります。

材料

（作りやすい分量）
信州味噌…200g
酒…¼カップ
砂糖…50g

作り方

1 ボウルの下に布巾を敷く
ボウルの下に布巾（またはタオル）を敷き、ボウルを安定させる。

2 味噌、砂糖を入れる
ボウルに味噌、砂糖を入れる。

3 混ぜ合わせる
砂糖の粒が見えなくなるまで、泡立て器でよく混ぜ合わせる。

4 酒を少しずつ加える
酒を少しずつ数回に分けて加えていく。

5 よく混ぜる
酒を加えたらその都度混ぜ、全体によくなじませる。

コツ！ 酒を一度に加えると混ざりにくくなる。水分は少しずつ溶き混ぜるのが基本。

6 つやが出ればでき上がり
味噌に砂糖と酒がなじみ、つやが出てきたらでき上がり。

砂糖と酒を加えて、味噌のコクとつやを引き出す

しょうゆ味と並んで和食の柱となるのが、味噌だ。笠原さんは、酒と砂糖を加えて、甘みのある味噌だれを作ってくれた。材料を順に加えて混ぜ合わせるだけ。すぐに作れる簡単だれだ。

「酒を加えるときは、火を入れてアルコール分を燃やす（煮きり）ことが多いのですが、それだと手間が多くなる。今回の料理は加熱調理を中心に考えたので、酒は煮物などに使うとアルコールはとんでしまいますが、煮物に加えたり炒めたりすればアルコールの香りが強いですが、煮物に加えたり炒めたりすれば酒の旨みと風味だけが残ります」

しょうゆだれにはみりんで甘みをつけたが、味噌には砂糖。「味噌のコクには砂糖のしっかりした甘みが合います。ただし、味噌の種類により味が変わるので、まずは普段の味噌で試して下さい。どちらかといえば、甘口より辛口のほうが使いやすい。甘すぎるのを調整するのは難しいけれど、辛かったら砂糖を加えればいいです」

ちなみに笠原さん、特別な調味料は使っていないという。

「砂糖も味噌も酒もスーパーで売っているようなものですよ。大事なのは使い方ですから」

銀だらの西京焼き

脂ののった魚に味噌の風味がしっかり移っておいしい!

味噌だれレシピ

材料（2人分）
- 銀だらの切り身…2切れ
- 塩…少々
- 大根おろし…大さじ2
- すだち…1個
- 味噌だれ…大さじ4

作り方

❶銀だらの両面に塩を薄くふり、20分ほどおく。出てきた水分をペーパータオルで拭き、味噌だれを全体に塗る。ラップをかけて冷蔵庫で1晩おく。

❷銀だらの味噌を拭き取り、魚焼きグリルで焦がさないように両面を焼く。皿に盛り、大根おろしと半分に切ったすだちを添える。

ポイント 
銀だら全体にまんべんなく塗る。半日以上おくと味がよくなじむ。

味噌だれ使いの極意

火を通すことで、味噌の香りもより際立つ

味噌味は肉にも魚にも合う。魚に使えば、生臭さを消してくれるし、肉と合わせればコクと香りを与えてくれるのだ。「焼いたり炒めたりするとさら

なす味噌炒め

なすに油をなじませてから味噌だれを加えるのがコツ

味噌だれレシピ

材料（2人分）
- 豚肩こま切れ肉…100g
- なす…2本
- 玉ねぎ…¼個
- しめじ…1パック
- 万能ねぎ…2〜3本
- にんにく（薄切り）…1かけ
- ごま油…大さじ1
- 酒…大さじ2
- 味噌だれ…大さじ2
- 七味唐辛子…少々

作り方

❶玉ねぎは縦に薄切りにし、しめじは根元を切って小房にほぐす。万能ねぎは幅5mmに切る。なすはへたを切って一口大の乱切りにする。

❷フライパンを熱してごま油を入れ、中火で豚肉と①を炒め合わせる。なすがしんなりしてきたら酒をふり、味噌だれを加えて炒め合わせる。器に盛り、万能ねぎを散らして七味唐辛子をふる。

ポイント 
具を炒めたら少し酒をふってから味噌だれを加えると香りが良くなり、味噌だれがなじみやすくなる。

さばの味噌煮

しょうがをたっぷり入れて味噌に香りをプラス

味噌だれレシピ

材料（2人分）
- さばの切り身…2切れ
- ピーマン…2個
- ねぎ…½本
- しょうが（せん切り）…10g
- 水…1カップ
- 酒…¼カップ
- 味噌だれ…大さじ3

作り方
1. さばは皮に2〜3本かるく切り目を入れる。ピーマンはへたと種を取り、縦4等分に切る。ねぎは長さ5cmのせん切りにし、水に5分さらして水けをきる（白髪ねぎ）。
2. 鍋に湯を沸かし、さばを入れてすぐに引き上げ、魚の臭みを取る（霜ふり）。
3. 鍋にさば、ピーマンを入れる。ボウルに水、酒、味噌だれを入れて溶きのばし、鍋に加えて中火にかける。アルミホイルで落としぶたをし、ときどき煮汁をさばにかけながら、煮汁が半量くらいになったらしょうがを加え、落としぶたを外して煮汁がほとんどなくなるまで煮詰める。器に盛り、ねぎをのせる。

ポイント
味噌だれを後から加えると、さばにぶつかって溶きにくいので、あらかじめ水や酒でのばして加える。

香ばしくて食欲をそそる味になります。銀だらの西京焼きのように、魚に塗って味をなじませて焼くのも定番的な手法。だらを鮭に変えたり、ソテー用の豚肉にしたりしてもいいですね。肉野菜炒めの味つけにも使えます。油炒めは伝統的な和食ではないけれど、ご飯にも合うし家庭の味噌だれと考えれば立派な和食だと思います。
面白かったのは、味噌焼きおにぎり。これがおいしい。「焦げ目がつくくらいに焼くと、味噌の香ばしさが楽しめるでしょう。単純だけどおいしいよね」

味噌焼きおにぎり

カツオ節と青じそ入りご飯であとをひく味に

味噌だれレシピ

材料（2人分）
- 温かいご飯…茶碗大盛2杯（約300g）
- みょうが…1個
- 青じそ…3枚
- 白いりごま…小さじ1
- カツオ節…1パック（5g）
- たくあん（あれば）…2切れ
- 味噌だれ…大さじ2

作り方
1. みょうが、青じそはみじん切りにする。ボウルにご飯を入れ、きざんだみょうが、青じそ、白ごま、カツオ節を加えてむらなく混ぜ、4等分にしておにぎりを作る。
2. 表面に薄く味噌だれを塗り、オーブントースターで味噌だれに焦げ目がつくまで焼く。皿に盛り、たくあんを添える。

ポイント
おにぎりに味噌だれを等分に塗る。

混ぜるだけ！

予約のとれない店「賛否両論」で絶賛！
秘伝のオリジナル万能だれ4種

笠原さんが「賛否両論」の料理で実際に使っているオリジナルのたれを特別に教えてもらった。香りや旨みの絶妙な使い方、素材の組み合わせのセンスも学びたい。

冬ならではの柚子の香りを効かせて
柚子味噌だれ

「酸味がきいているので、酢味噌感覚で和え物に使ったり、刺身のつけだれにどうぞ。香りがポイントだから加熱しないで」

作業時間…3分
保存期間と保存方法…10日間
水気のついていないきれいな密閉容器や瓶に入れ、冷蔵庫で保存。

材料（作りやすい分量）
信州味噌…100g
柚子果汁…大さじ3
はちみつ…大さじ1½

作り方
ボウルに全ての材料を入れ、むらなく混ぜ合わせる。

ポイント
はちみつを加えると、砂糖やみりんとはまた違ったコクのある甘みになる。

市販の佃煮がワンランクアップの味に
のりじょうゆだれ

「白身魚や帆立貝柱など、あっさりした魚介や野菜などと合わせると面白い。焼き物の仕上げに使うと、風味が引き立ちます」

作業時間…3分
保存期間と保存方法…10日間
水気のついていないきれいな密閉容器や瓶に入れ、冷蔵庫で保存。

材料（作りやすい分量）
のりの佃煮（市販品）…大さじ3
しょうゆ…大さじ2
ごま油…大さじ1

作り方
ボウルにすべての材料を入れ、むらなく混ぜ合わせる。

ポイント
市販ののりの佃煮で手軽に旨みのある味にできる。しょうゆで溶きのばして。

「実際に使っています！」

料理は創造力！組み合わせは自由に考えて

「コレ、出しちゃっていいのかな。本当にいつも店で使っているたれのレシピなんですよ」

と笑う笠原さん。材料は身近なものばかりだが、香りや旨み、コクの使い方でおいしさはけた違い。

「お客さんの受けがいいのは昆布しょうがかな。しょうがの風味が魚と合うので刺身のつけだれに出すことが多いのですが、新鮮だねと驚かれます。よくなじむしょう、昆布もしょうがも細かくきざむのがコツ。これには上質な油を合わせたいので太白ごま油を使います」

4種類とも、まずはつけだれ、和え物から始めれば使いやすい。これで、さらにワンランクアップの一品が作られるというものだ。

「今回紹介したものは、今の自分がおいしいと思う提案です。料理に正解はないと思うから、何かを組み合わせてもいいと思いますよ」

たっぷりのしょうがで香りもいい
昆布しょうがだれ

「塩昆布の旨みが白魚や鶏肉、豆腐など、淡泊な食材の味を引き立てます。ごま油のコクもあるから、サラダやマリネにも」

作業時間…3分
保存期間と保存方法…10日間
水気のついていないきれいな密閉容器や瓶に入れ、冷蔵庫で保存。

材料（作りやすい分量）
塩昆布……15g
しょうがのすりおろし…大さじ3
太白ごま油（またはサラダ油）…大さじ2
酢…大さじ1½
砂糖…小さじ1
しょうゆ…小さじ1

作り方
塩昆布はみじん切りにしてボウルに入れる。他の材料を加え、むらなく混ぜ合わせる。

ポイント 
塩昆布を味のベースに。細かくきざむことにより、たれになじみやすくなる。

練りごま＋生クリームの濃厚な味
ごまクリームだれ

「果物と相性がいいから、柿や桃、いちじくなど、酸味のない果物にかけるだけで立派な一品に。炒めてもおいしい」

作業時間…3分
保存期間と保存方法…3〜4日間
水気のついていないきれいな密閉容器や瓶に入れ、冷蔵庫で保存

材料（作りやすい分量）
白ねりごま……100g
砂糖…大さじ1
生クリーム…大さじ3
しょうゆ……大さじ2

作り方
ボウルに全ての材料を入れ、むらなく混ぜ合わせる。

ポイント 
生クリームを加えることで、より濃厚でクリーミーな味わいが生まれる。

4種の万能だれで作る和の小鉢レシピ

「もう一品…」が「あっ」という間!

たれそのもののおいしさは大事だが、たれがその本領を発揮するのは、素材との組み合わせがマッチしたとき。笠原さんイチオシの組み合わせメニューを紹介する。

柚子味噌だれで…

① レタスもさっとゆでるとおいしい
豚とレタスのしゃぶしゃぶ

材料(2人分)と**作り方**
❶豚バラ薄切り肉100gは食べやすい長さに切る。レタス½個は大まかに手でちぎる。塩・酒各少々を入れた熱湯でレタスをさっとゆでて冷水にとる。豚肉も色が変わるまでゆでてそのままざるに上げる。
❷レタス、豚肉の水気をしっかりきって器に盛り、柚子味噌大さじ2をかけて七味唐辛子少々をふる。

② 薄いしょうゆ味で煮た里いもにかけて
里いもの柚子味噌がけ

材料(2人分)と**作り方**
❶里いも4個は皮をむいて一口大に切り、熱湯でさっとゆでてざるに上げる。鍋に入れ、だし2½カップ、しょうゆ大さじ2、みりん大さじ2を加えて中火にかけ、やわらかくなるまで煮てそのまま冷ます。
❷器に①を盛って柚子味噌大さじ2をかけ、きざんだ柚子の皮少々を散らす。

③ 王道の組み合わせにわかめを加える
まぐろとわかめのぬた

材料(2人分)と**作り方**
❶まぐろ50gは一口大に切る。塩蔵わかめ30gは水で戻してざく切りにし、万能ねぎ4本は長さ3cmに切る。
❷器に盛り、柚子味噌大さじ2をかけて白いりごま少々をふる。

のりじょうゆだれで…

① 貝割れ菜の辛みがアクセントに
大根と刺身のサラダ

材料(2人分)と**作り方**
❶大根150gをマッチ棒くらいの太さの棒状に切る。白身の刺し身50gは細切りにする。貝割れ大根½パックは根元を切る。
❷大根、刺身をボウルに入れ、のりじょうゆだれ大さじ2であえ、貝割れ菜とともに器に盛る。

② さっと焼きつけると、佃煮がより香ばしく
帆立の磯辺焼き

材料(2人分)と**作り方**
❶フライパンにサラダ油少々を熱し、強火で帆立貝柱4個の両面をこんがりと焼く。のりじょうゆだれ大さじ1を加えてサッと炒め合わせ、器に盛って半分に切ったすだち1個分を添える。

昆布しょうがだれで…

① やわらかい白菜は生のままサラダに
蒸し鶏と白菜のサラダ

材料（2人分）と作り方
❶塩・酒各少々を入れた熱湯に筋を取ったささ身1本を入れ、再び煮立ったら火を止め、そのまま5分おく。
❷白菜の葉2枚とゆでたささ身を食べやすくちぎってボウルに入れ、昆布しょうがだれ大さじ1½であえる。器に盛り、白いりごま少々をふる。

② サーモンとしょうがの新鮮なコンビ
サーモンの和風タルタル

材料（2人分）と作り方
❶万能ねぎ2本は小口切りにする。刺し身用サーモン100gを細かくきざむ。すべてをボウルに入れ、昆布しょうがだれ大さじ1½を加えて和え、器に盛る。焼きのり（全型）1枚を切って添える。

③ あえてねぎはのせず、カツオ節とともにシンプルに
冷や奴

材料（2人分）と作り方
❶絹ごし豆腐1丁（300g）を食べやすく切って器に盛り、昆布しょうがだれ大さじ1、カツオ節1パック（5g）を等分にのせる。

ごまクリームだれで…

① 春菊のほろ苦さと、練りごまの香りがぴったり
春菊ときのこのごま和え

材料（2人分）と作り方
❶春菊¼わは葉を摘む（軸は使わない）。生しいたけ2枚は軸を取って5等分に切る。しめじ½パック、えのきだけ½袋は根元を切って小房に分ける。
❷塩少々を入れた熱湯で❶をサッとゆでて氷水にとり、水けをしっかり絞ってボウルに入れる。ごまクリームだれ大さじ3を加えて和え、器に盛る。

② ベーコンの塩けがアクセントになったミラクルレシピ
バナナとベーコンのごまクリーム炒め

材料（2人分）と作り方
❶若めのバナナ1本は皮をむいて幅1cmに切る。ベーコン3枚は長さ3cmに切る。玉ねぎは薄切りにする。
❷フライパンにバター大さじ1を中火で溶かし、❶を炒める。ベーコンがこんがりと香ばしくなったらごまクリームだれ大さじ1を加えて炒め合わせて皿に盛り、黒コショウ少々をふる。

赤坂璃宮・譚彦彬さん直伝

中華料理の万能だれ

私たちの日常の料理にもなじみ深い中華のたれ。一度作ればさまざまな料理に使いまわしがきく文字通り「万能」なたれのレシピの基本の極意を教わる。

写真/古市和義　取材・文/白央篤司

辛・酢・甘・香
自由自在の
黄金美味！

譚彦彬（たんひこあき）

広東名菜「赤坂璃宮」オーナーシェフ。新橋「中国飯店」、芝「留園」を経て、仙台ホテル「梅花園」副料理長、京王プラザホテル「南園」副料理長、ホテルエドモント「廣州」料理長を歴任。広東料理の伝統を基本とした確かな経験と技術を持つ中華料理界の重鎮。

たれづくりを覚えて料理をスピードアップ！

「たれ」ほど便利で役立つものはない。手慣れてくれば料理の過程で、その都度調味料を合わせることも可能だろう。けれども初級者ならば、確実にできあがりを約束してくれるたれづくりをまず覚えたいもの。

中華料理でもたれは大活躍だ。人気メニューのチリソース、酢豚、そしてバンバンジーなど、いずれもたれが重要なポイントとなる。今回の特集では名店『赤坂璃宮』の総料理長である譚彦彬さんに協力を仰いだ。

「昔から中華料理でもたれやソースなどとはある程度作っておくんですね。そうすると料理のスピードアップに繋がって、より手早く素材を調理することができる。またたれのレシピを決めておくことで、誰が作っても均等な味わいが再現できるというメリットもあります。そしてある種のたれは、作って寝かせておくことで熟成感が生まれるものもあります」

中華のたれは市販されているものの多いが、手づくりならば味わいより深く健康面にも優れ、また経済的でもある。中華のたれを極めて、様々なバリエーションの料理を楽しもう。

覚えておきたい定番中華だれ

本格レシピの味がビシッと決まる

辛味ソース①
名前だけ読むと辛そうだが、黒糖とカイエンペッパーが味の決め手となり、辛さと甘みのバランスが実に良く、日本人好みの味わいだ。和え物や炒め物にも合う。

バンバンジーソース②
日本における中華ソースの代表格。ゴマの風味と甘さが際立つ濃厚な味わいで、子供から大人までファンは多い。蒸し鶏にかけるだけでなく、バリエーションも豊富。

チリソース③
中華料理の中でも四川料理のソースになる。トマトの甘みと唐辛子の辛さが利いたこれも人気のソースだ。海老と合わせたものが有名だが、卵や白身魚などとも相性も良し。

黒酢ソース④
独特の香りが食欲を誘う秀逸なソース。コク深い黒酢とオイスターソース、そして砂糖の甘さが確実な満足感をもたらす。レシピの上でも今回最も手軽なタレだ。

にんにくソース⑤
大量のにんにくを使いながら、独特のもたれるような重さや臭みとは無縁のソースだ。蒸し物との相性がいい。また肉などを漬け込んだり、下味として使うこともできる。

中華だれのポイント

材料
中華ダレに使う基本材料はスーパーなどで気軽に買える

- 豆板醤
- 紹興酒
- ごま油
- オイスターソース
- 鎮江香酢

今回登場するレシピの中で使われる主な調味料。同時に中華料理の基本的な味つけに使われるものとなる。辛みと旨みを加える豆板醤、香りづけに欠かせない紹興酒とごま油、カキの旨みが凝縮されたオイスターソース、そして独特の風味が芳しい香酢など。

使い方
かける、炒める以外にも使える「万能」なバリエーション

和える
今回のソースなら①、②が該当する。野菜やゆでた肉などにサッと和えるだけで本格的な一皿に。

かける
①、②、⑤のソースはシンプルにかけるだけでも使用可能。具材を色々アレンジして楽しみたい。

漬け込む
たれは肉の下味づけにも活躍してくれる。⑤のソースでそのレシピをご紹介。

炒めものの調味以外にも、上記のような使い方ができる各種中華だれ。基本的な使用法を覚えたら、具材を好みの野菜や肉、魚介に変えて、その相性を様々に試してみよう。

保存
密封出来る容器であれば家にある空き瓶などを再利用

右ページで紹介したたれは冷蔵庫で保存すれば3ヶ月は使用可能。ただ⑤のにんにくソースだけは例外で、基本その日のうちに使い切るのが望ましい。フレッシュなにんにくの香りが飛んでしまうからだ。『赤坂璃宮』では1日に2回作り、余った分は廃棄している。

それぞれのたれ付作りを覚えたら、料理レシピのバリエーションは格段に広がります。今回は手軽に応用可能なものばかりです。素材を季節の旬の物や、自分が好きな物などに替えるなどして、さらにたれ作りを楽しみましょう！

作りたてが良いたれと熟成感を狙うたれ

「覚えておくべき中華料理の定番・便利だれはなんですか？」
この質問を赤坂璃宮の総料理長、譚彦彬さんに投げかけたところ、答えとして返ってきたのが右ページの5つのたれだ。材料を混ぜてひと煮立ちさせれば完成のお手軽なものから、ちょっと手間のかかるものまで様々だが、どれも使い方を覚えればレシピの幅がグンと広がる優れものばかり。

「たれにも作りたてのおいしさと、少し熟成させたほうがいいものがあります。黒酢ソースやチリソースは、一晩経ったぐらいがいい。対照的ににんにくソースはフレッシュな香りが命。余ったものはもったいないけど、保存しないほうがいいでしょう」

また、基本的な材料として登場する豆板醤や鎮江香酢（黒酢）。これら自体がひとつの完成された中華だれの一種ともいえる。「豆板醤を同量の油で炒め、にんにくのみじん切りと砂糖小さじ1を入れてしばらく熱するといいソースになります。ごはんにかけてもおいしい」

市販の豆板醤をグレードアップさせる匠のワザだ。次ページより具体的なタレのレシピに移ろう。

チリソース【干焼汁】

イタリアンテイストの譚さん流チリソース

もともとは四川料理の伝統的なソース。だが『赤坂璃宮』では譚さん独得の工夫がなされ、ちょっと新しい風合いのチリソースとなっている。

「イタリア料理で使われるドライトマト、これを生のトマトとブレンドして使うんです。中華のイタリアン・バージョンというか。こうするとアレンジもいろいろ楽しめるでしょう」

ドライトマトを加えることでトマトの甘みとコクがより深くなり、口当たりもいい。一般的なチリソースではケチャップを使用することが多いが、譚さん流は用いず。すっきりとした酸味が活きたチリソースだ。パスタソースにしてもおいしいと譚さんは語る。このソースでアラビアータを作ってもオッケーとなるだろう。白身魚の揚げ物にそのままかけたり、揚げ餃子のつけだれなどにも◎。

完成したら少し寝かせるとさらに風合いがよくなる。「一晩おいたぐらいが最高」と譚さん。味の違いを実際に比べてみよう。

ドライトマトの甘みとコクがポイント！

材料
- トマト…600g
- A
  - 上白糖…45g
  - 塩…12g
  - 味の素…9g
  - スイートチリソース…56g
- オイル漬けドライトマト…50g

作り方
1. トマトは湯引きして皮をむきミキサーにかける。
2. 鍋に❶を入れAを加えて中火で4割程度、250gぐらいまで煮詰める。
3. オイル漬けドライトマトを細かく砕き、さらにミキサーにかける。
4. 煮詰めたトマトを加えさらにミキサーにかけ、完成。

タレのポイント

❶ 湯引きをして皮をむきミキサーにかけた状態。ここが手間ならホールトマトを使ってもよいが、香りの良さは生のトマトが断然上だ。

❸ ドライトマトのオイル漬けは大手スーパーなどで売られているが、乾燥ドライトマトを自分で戻しオイル漬けにしてもよい。

❹ 煮詰めたトマトの粗熱を取り、ミキサーにかけたドライトマトと合わせ、さらにもう一度ミキサーにかければでき上がり。

芝エビの完熟トマトチリソース

材料（2人分）
芝海老…10尾
A ┌ 塩…2g
　│ 味の素…2g
　│ 卵白…8g
　│ 片栗粉…8g
　└ コショウ…少々
B ┌ 長ねぎ…30g（みじん切り）
　│ にんにく…3g（みじん切り）
　│ ベルギーエシャロット…3g（みじん切り）
　│ しょうが…1g（みじん切り）
　└ 豆板醤…5g
C ┌ チリソース…50g
　│ 紹興酒…5g
　└ 鶏ガラスープ…80cc

作り方
❶芝海老は背ワタを取り、適量の片栗粉をまぶしよく揉んで水洗いしたのち、キッチンペーパーなどで水気をよく切る。
❷Aを混ぜ合わせたもので海老に下味をつける。
❸海老を油通しする。160℃程度の油で海老の色が変わる程度に熱し、よく油を切っておく。
❹Bを炒め、香りが出てきたらCを入れる。沸いてきたら海老を入れ軽く煮込み、水溶き片栗粉（レシピ分量外）でとろみをつける。
※もしごま油、山椒油があれば少々振ると、よりプロらしい味に。山椒油は市販の山椒の粉でもよい。

ポイント 
エビは油通しすることで生臭みが取れる。たっぷりの油を使うのが難しければ、多めの油で芯まで火が通るように炒めておくこと。

エビのプリッとした食感と香りにベストマッチのチリソース。好みの野菜やキノコなどを加えて相性を試してみよう。

豚ひき肉と完熟トマトの卵あんかけごはん

材料（2人分）
しめじ…30g　　塩…小さじ1
溶き卵…2個分　砂糖…小さじ1
豚ひき肉…80g　サラダ油…小さじ1
A ┌ 長ねぎ…50g（みじん切り）
　│ にんにく…3g（みじん切り）
　│ ベルギーエシャロット…3g（みじん切り）
　│ しょうが…1g（みじん切り）
　└ 豆板醤…5g
B ┌ チリソース…80g
　│ 紹興酒…5g
　└ 鶏ガラスープ…80cc

作り方
❶鍋に湯を沸かす。塩、砂糖、サラダ油小さじ1を入れた後、しめじをボイルしザルにあげる。
❷多めにサラダ油（分量外）をひいて熱し、溶き卵を入れ半熟程度まで炒め、あげておく。
❸フライパンにサラダ油を適量中火で熱し、豚ひき肉を炒める。色が変わったらAを加え香りが出るまでさらに炒め、全体がなじんできたらBを入れて沸騰させる。
❹グツグツと煮立ったら1のしめじ、2の卵を入れ、よく混ぜ合わせた後、ご飯にかけて完成。

ポイント
卵は半熟程度、トロッとした状態に炒めておくのがポイント。最後にまた鍋に戻して火が加わる。

チリソースは卵との相性も抜群だ。辛みがよりマイルドになるので、小さな子供にも喜ばれる味わいに。

特製辛味ソース【公保汁】

キンモクセイの香りがほのかに香る絶妙のたれ

名前からすると辛さ際立つソースと思われるだろうが、これが非常に辛さと甘さのバランスが良く、香り豊かなソースとなる。紹興酒と桂花陳酒（キンモクセイの花を白ワインに浸して作られる酒）、そして黒糖とカイエンペッパーが主な材料となり、大人の味わいを演出してくれる中華だれだ。

「北京料理で多く使われるたれになります。黒砂糖の甘さが活きていて、日本人好みのテイストだと思いますよ。角煮など、豚肉料理によく合います。 湯引きした薄切り肉に和えてもいい」

エビとカシューナッツの炒めものは素材感が活きた穏やかな味わい。万人に好まれることうけあいだ。また鶏肉と水菜の和えものは、日常的な食材がなんとも素敵なおつまみに転じて、このソースの力を思い知らされる。

さっぱりとしたソースなので応用の幅も広い。加える果汁や調味料で風合いが様々に変わるので、料理好きなら色々研究してみよう。

甘い刺激がクセになる大人の味わい

材料
- 紹興酒…600cc
- 薄口しょうゆ…250cc
- 桂花酒…50cc
- 日本酒…200cc
- 酢…100cc
- 黒糖…180g
- カイエンペッパー…小さじ1
- 桂花醤…小さじ1

作り方
① すべての材料を合わせ、ひと煮立ちさせれば完成。

タレのポイント

風味づけのポイントとなる「桂花醤」。キンモクセイの砂糖煮。専門店やネットなどで購入できる。点心の香りづけなどにも使われる。

黒糖を入れているところ。慣れてきたら自分の好みの加減で甘さ、辛さを調節してみよう。辛いのが好きならば一味などを加えても。

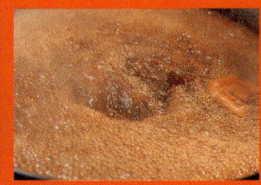

酒類が多く使われるので、しっかりと煮切ることが大事。ただ煮過ぎると風合いが飛んでしまうので、注意が必要だ。

エビとカシューナッツの炒め

熱々さ加減と香りを大事にしたい。盛るお皿はあらかじめ温めておくのが理想的だ。

材料（2人分）
芝エビ…8尾
A ┌ アスパラ…1本　　塩…小さじ1
　│ エリンギ…40g　　砂糖…小さじ1
　│ パプリカ…20g　　味の素…小さじ1
　└ マコモダケ…20g　サラダ油…小さじ1
B ┌ エシャロット…3g
　│ にんにく…3g
　└ 細ねぎ…20g
C ┌ 辛味ソース…40g
　│ ごま油…3g
　└ 紹興酒…3g
カシューナッツ…30g
※下ごしらえ
溶き卵3に対して1の割合で片栗粉を入れ混ぜたものを作る。これにえびを入れて全体になじませておく。

作り方
❶塩、砂糖、味の素、サラダ油をそれぞれ小さじ1入れたお湯でAをボイルし、ザルに上げて水気を切っておく。
❷下ごしらえしたエビを多めの油（分量外）で炒め、全体によく火が通ったらあげておく。
❸Bを香りが出るまで炒める。そこにAの野菜を加えさらに炒め、エビも入れる。
❹Cを入れて軽く炒め、最後にカシューナッツを入れたら強火にしてさっくりと合わせ完成。

ポイント！
野菜は湯通ししておくことで見た目が鮮やかに仕上がる。手際の良さが求められる料理だ。

鶏肉と水菜の璃宮特製辛味ソース和え

材料（2人分）
鶏ささ身…100g　　長ネギ…適量
水菜…15g　　　　しょうが…ひとかけ
クルミ…12g　　　トリガラスープ…80cc
A ┌ 辛味ソース…40g
　│ ゆずのしぼり汁…10g
　│ しょうが（みじん切り）…1g
　│ オイスターソース…4g
　│ 砂糖…0.5g
　│ ブラックペッパー…少々
　│ タバスコ…少々
　└ ガーリックパウダー…少々

作り方
❶ささ身肉を5cm程度の長ネギ、しょうがの薄切りと共に器にのせ、トリガラスープをふりかけ4分程度蒸す。
❷Aをすべて混ぜ合わせ、よくなじませる。
❸鶏をひと口サイズに、水菜は2cm程度に切り、2の調味料をかける。
❹砕いたクルミをかける。

ポイント！
最後にあわせるクルミは軽く包丁で叩いておく。袋に入れて包丁の柄などで叩くと散からず後片付けも簡単だ。

しゃれたつまみとして重宝することは間違いなし。手軽にいくなら、油をよく切ったシーチキンなどで代用しても。

特製にんにくソース【蒜茸汁】

海鮮から肉類まで幅広く素材の味を引き立てる

香味豊かなにんにくのうまさを最大限に活かしたソース。みじん切りにしてから水にさらすことによって、にんにく特有の強すぎる香りをほど良いものにし、白絞油の中にその旨みを閉じ込める。今回はホタテと鶏肉を使ったレシピを紹介するが、様々な素材と相性のいいソースなので、応用方法は無限大に広がる。

「まず蒸し物との組み合わせはいいですね。エビやハタ、カサゴ、メバルなどの魚、野菜ならナスもいい。日常的な素材としてはアジを三枚におろしてこのソースを塗り、蒸し上げても実においしい料理になります。サバをこのソースで和えてから揚げ物にしてもいいですよ」

たれとしてもつけ込みだれとしても活躍するにんにくソース。ただ日持ちしないので、その日使う分だけ作るようにしよう。

手間をかけただけのうまさに仕上る

下ごしらえに時間がかかるソースだが、出来上がって具材と合わせたときのおいしさは格別。余裕のあるときに是非トライしたい。

材料
A ┌ にんにく…240g
　│　（160gは揚げ用、80gは生で使用）
　│ 長ねぎ…30g
　└ しょうが…15g（それぞれみじん切りに）
白絞油…200g
片栗粉…12g
塩…10g
味の素…3g
砂糖…1g
チキンパウダー…3g
紹興酒…10g

作り方
❶みじん切りにしたにんにくは1時間程度水にさらしたのち、よく水気を絞っておく。
❷にんにく240gのうち160gを140℃に熱したサラダ油で揚げる。キツネ色になったら油から上げて、クッキングペーパーなどの上に置き余分な油を吸わせておく。
❸揚げたにんにく、生のにんにく、残りの材料をすべて混ぜ合わせて完成。

たれのポイント

みじん切りにしたにんにくは流水で1時間さらすこと。そしてしっかりと水気を切る。この2つさえ押さえればあとは簡単だ。

ニンニク全体量に対してで揚げにんにく2生にんにく1で使用する。香ばしさとフレッシュ感を共存させるのだ。

余分な油を切った揚げにんにくと、水気をしっかり切った刻みにんにくを合わせていく。よく混ぜてしばらくなじませておこう。

活きホタテの璃宮特製にんにくソース蒸し

材料（2人分）
ホタテ貝柱（大粒のもの）…1個
にんにくソース…4g
魚汁スープ…大さじ3程度
（中華スープ100cc、しょうゆ30cc、ナンプラー20cc、グラニュー糖10g、香菜の茎1/2本、これらを合わせて軽く沸かし、しばらくおいたもの）
香菜…適量

作り方
❶ホタテは横から半分に切る。
❷それぞれ❶上ににんにくソースを載せ、蒸し器で3分蒸す。
❸蒸し上がったら熱々の魚汁スープをかけ、香菜をのせ完成。

ポイント！ 
最後に魚汁スープかけるところで、もしあれば、熱した鶏油も少し加えるとさらに香りが際立つ。

蒸し上がったときの香りの良さがまず最初のごちそう。胸のすくような香りに食欲が誘われること間違いなし。

璃宮特製にんにくソースの唐揚げ

材料（2人分）
鶏モモ肉…160g
にんにくソース…20g
卵…80g
片栗粉…4g

作り方
❶鶏モモ肉をひと口大に切る。
❷ボールに切った肉とにんにくソースを入れ、よく混ぜる。最低30分置く。好みで半日〜ひと晩置いてもよい。
❸つけ込んだ肉に卵、片栗粉を混ぜ、和えておく。
❹180℃の油で鶏を入れ揚げる。3〜4分程度、全体がキツネ色になったらひき上げて油を切り、完成。

たまらないほどにんにくと鶏のいい香りが漂う。浅く漬けるか、しっかり漬け込むかはお好みで。

黒酢ソース【蠔油黒酢】

濃厚な旨み、そして甘酸っぱさが味の決め手

原材料にある「鎮江香酢」。鎮江とは中国・江蘇州にある都市の名前で、黒酢の名産地として古くから知られている。黒酢の中でも品質の良いものとして知られる「鎮江香酢」だが、健康食品としてブームになったこともあるので、ご存知の方も多いだろう。

「オイスターソース独得の旨みが生かされたソースですね。主に海鮮類、そして豚肉に合うと思います。黒酢といっても身構えず、基本的には普通のお酢と同じように使ってもらっていいと思いますよ。黒酢はそのまままねぎやしょうがのみじん切りと一緒に、点心のタレなどにしてもおいしい」

今回紹介する海老の料理は「天使のエビ」を使用。ニューカレドニア産のエビがそう呼ばれている。旨味の強いエビだが、ブラックタイガーや大正エビなど手に入りやすいエビで代用可能だ。

一晩以上冷蔵庫でおくと、コクが増してさらに風味がよくなる。ごま油を加え、刻んだねぎと一緒に豆腐などにかけてもおいしい。

食欲を刺激する甘酸っぱさが魅力！

材料
鎮江香酢…60cc
中ざらめ…30ｇ
オイスターソース…20cc
水…10cc

作り方
❶すべてを合わせ、ひと煮立ちさせてでき上がり。

タレのポイント

『赤坂璃宮』では中華鍋にまず水と黒酢を入れて火にかけ、ざらめを入れる。

ある程度ざらめが溶けたら、オイスターソースを加え、かき混ぜつつ強火に。

一度しっかりと沸騰させる。粗熱をとってから保存用の瓶などに移し替えよう。

天使のエビの黒酢ソース炒め

材料（2人分）
天使のエビ…6匹
黒酢ソース…80g
A ┌ しょうが…1g（みじん切り）
　│ にんにく…3g（みじん切り）
　│ ベルギーエシャロット…3g（みじん切り）
　└ 長ねぎ…60g（みじん切り）
片栗粉…10g
ごま油…少々
長ねぎ…30g
赤ピーマン…20g

作り方
❶エビは頭から尾までハサミを入れ、背ワタを取っておく。
❷エビに片栗粉をふりかけたのち、200度の油で揚げる。色が変わって1分程度でひきあげ、油を切る。
❸鍋に適量のサラダ油を熱し（分量外）Aを入れて香りが出るまで炒めたら、黒酢ソースを入れてひと煮立ちさせ、海老を入れる。
❹ごま油を加えサッと混ぜ盛りつける。長ネギや赤ピーマンの千切り、香菜を好みで飾って完成。

しょうが、にんにく、エシャロットのみじん切りが隠し味となり、エビと黒酢の香りをより一層ひき立てる。

ポイント！ 
エビの油通しは皮の色が変わってから約1分弱程度。長く火を通すと身が固くなるので気をつけよう。

黒酢の酢豚

材料（2人分）
豚肩ロース…100g
パプリカ…適量
玉ねぎ…適量
溶き卵…8g
片栗粉…4g（溶き卵と混ぜあえておく）
黒酢ソース…80g
下味つけ（豚肉300グラムに対し）
　塩…1g　味の素…1g　重曹…2g　片栗粉…4g
　玫瑰酒（バラの香りの酒、ジンで代用可）…少々
これらを混ぜ合わせたものに豚をよくなじませ、半日置く

作り方
❶豚肉をそぎ切りにする。
❷野菜を切る。璃宮スタイルは赤、黄、緑のパプリカとタマネギを使用。それぞれひし形に切り、豚100gに対しパプリカは3切れずつ、玉ねぎは9切れ。家庭では玉ねぎだけでも、パプリカ1種だけでもよい。
❸まぜておいた片栗粉と卵に豚肉をくぐらせ、さらに片栗粉を適量両面につける。
❹サラダ油を熱し、野菜を油通しする。さらに豚肉も炒め、両方ザルにあげて余分な油を切っておく。
❺鍋に黒酢を入れて沸かし、野菜と豚肉を加え軽く炒めて完成。

ポイント！
片栗粉を交ぜた溶き卵に肉をくぐらせ、さらに片栗粉をつけて、写真のようにある程度粉をはたいておく。

黒酢と豚の相性の良さに驚かされる。豚自体の甘みを酢がなんと引き立てることか。ご飯がすすむ味わい。

バンバンジーソース【棒々鶏汁】

濃厚なナッツのコクがさっぱりした食材にマッチ

説明不要の有名な中華ソースだろうが、この作り方となるとご存知の方は少ないだろう。本来は白ごまとえごまをたっぷりと使い、それぞれ煎って香りを出してからじっくりと挽き、調味料と合わせて作られる。今回は特別に練りごまとして市販されている芝麻醤を使っての簡単レシピを教えていただいた。

「中華の冷菜のメニューには欠かせないソースです。これをお酢と油でのばすといいサラダのドレッシングにもなるし、鶏ガラスープとしょうゆを足せば、しゃぶしゃぶのゴマダレにもなる。料理人にとって工夫のしがいがあるソースといえますね」

蒸し鶏とサラダの2品を紹介したが、薄切りトマトにかけるだけ、たたききゅうりに和えるだけでも立派な一品になる。世代を問わず好まれる味のソースなのだ。

ごまの濃厚なコクを活かした人気の味わい

ワインビネガーとリンゴ酢の分量を調整して、ちょっと酸っぱめに作ってもいいし、砂糖多めで甘めにしても。

材料
芝麻醤…400g
A ┌ 白絞油…200cc
　└ ごま油…80cc
B ┌ ワインビネガー…60cc
　└ リンゴ酢…140cc
C ┌ 薄口しょうゆ…180cc
　├ 上白糖…250g
　└ 紹興酒…30cc
ねぎ…½本
しょうが…ひとかけ
ラー油…50cc

作り方
❶鍋に薄切りにしたねぎ、しょうが、そしてAを入れ200℃ぐらいに熱し香りをつける。
❷BとCをそれぞれひと煮立ちさせて、冷ます。
❸❶の油と芝麻醤を混ぜ、さらにBとCも入れてさらに混ぜる。
❹最後にラー油を入れて完成。ここでかき混ぜないのがポイント。

タレのポイント

市販の「芝麻醤」。いわゆる練りゴマだ。人気の担々麺などにもよく使われている。無添加・無着色のものを選びたい。

❶の段階、最初に油を熱し、しょうがとねぎの香りを移しているところ。

最後にラー油を入れたらかきまわさないこと。このほうが辛みと風味が活きるのだ。

蒸し鶏の特製胡麻ソースがけ

材料（2人分）
鶏のささ身…100g
バンバンジーソース…34g
しょうが汁…4cc

作り方
① ささ身肉を5cm程度の長ネギ、しょうがひとかけの薄切りと共に器にのせ、鶏ガラスープ80cc（分量外）をふりかけ40分程度蒸す。
② 蒸し上がった鶏を5ミリ程度の細切りにする。
③ バンバンジーソースに作りたてのしょうが汁を入れて混ぜ、皿に盛った鶏にかける。

ポイント！ 
蒸し鶏を作る際、一緒に入れるネギやショウガは包丁で軽く叩いておくこと。香りが出やすくなる。電子レンジでも代用可。

人気のバンバンジー。蒸し鶏の食感とねっとりしたソースが絶妙のコンビネーション。レタスなどを下に敷いても。

特製胡麻ソース サラダ

セロリの風味とナッツ、ゴマのコクがこんなにも合うとは！ 白ワインがほしくなるような洒落た味わいだ。

材料（2人分）
きゅうり…60g
トマト…60g
セロリ…60g
水菜…30g
細ねぎ…30g
カシューナッツ…30g
A ┌ バンバンジーソース…60g
　├ リンゴ酢…20cc
　├ 白ごま油…20cc
　└ ラー油…少々

作り方
① Aをすべてよくかき混ぜる。辛いのが好きな人は味をみつつ、好みでラー油を多めに。
② 野菜はすべてそぎ切りにし、タレと野菜をよく和える。
③ 砕いたカシューナッツをふりかける。

人気店「おんがね」の金 順子さんが家庭で韓国料理をかんたんに作る極意を公開！

"韓流万能だれ"で作る男子の韓国料理

韓国料理の味の基本となるのは、さまざまな調味料や薬味を複合的に組み合わせ、味に奥行きを持たせた"だれ"。金さん直伝、自宅で手軽に作れる"万能"韓国だれで、韓国料理にいざ挑戦！

写真／浜村多恵　取材・文／佐伯明子

"だれ"が生み出す韓国料理のおいしさ

韓国料理の味の基本となるのは、日本でもおなじみの"コチュジャン(唐辛子味噌)"を始め、このコチュジャンをベースに展開した"タデギ"、"チョコチュジャン"、"ヤンニョムコチュジャン"。さらに、日本人にもなじみやすい"しょうゆだれ"などの万能だれだ。

「韓国料理では、複合調味料が味のベースになります。調味料だけでなく、粉唐辛子やすりおろしたにんにくやしょうがが、白ごまなどが加わるのも特徴ですね」

と教えてくれたのは、人気韓国料理店のオーナーシェフ・金順子さん。また、それぞれの家庭によっても、その配合は異なり、日本の"手前味噌"と同様にわが家なりの味があるとか。

万能コチュジャン

タデギ

ヤンニョムコチュジャン

チョコチュジャン

金 順子（キム スンジャ）
韓国料理店「おんがね」オーナーシェフ。韓国・釜山出身。母方の故郷・咸鏡道と、自身の育った慶尚道地方の味をベースとした、なごみの韓国料理が人気。テレビや雑誌でも大活躍中。著書に「たれさえあれば、韓国料理」（文化出版局）など。

☎03・5570・9442
㈲東京都港区赤坂3-6-13 MTビル1F
営［月〜金］18:00〜翌3:00 ［土］18:00〜翌2:00 ㊡日、祝

この特集では、手軽にできて、しかもとびきりおいしい、金さんならではのスペシャルレシピを教えていただいた。
「難しいことは何もないけど、調味料はできるだけ上質なものを使ってね。たれでベースの味が調っていれば、料理に不慣れな人でもちゃんと味が決まりますよ！」
さまざまな料理に応用できる"万能"な手作り韓国だれで、極上の韓国料理を目指そう！

🇰🇷 韓国料理の基本 🇰🇷

1 ベースには薬念という医食同源の考えが！

薬念とは、韓国では薬味、香辛料、調味料の総称。食が薬になるという、薬食同源、医食同源の思想に基づいている。韓国語では"味つけする"という言葉を"ヤンニョムハダ"ということからも、料理におけるその重要さは推して知るべし。日本では複合調味料をまとめて"たれ"と称するが、金さん曰く、「私はコチュジャンのようにポッテリとしているのが"薬念"、しょうゆやごま油、酢などをベースにサラッとしているのが"だれ"、と区別しています」

ごま
市販の炒った白ごまを、さらに炒り直して使えば、味も香りも断然アップ！

味噌
韓国では"テンジャン"と呼ばれる味噌。日本では米みそで代用しよう。

粉唐辛子 
唐辛子を乾燥させて細かくひいたもので、粗びき、細びきなどに分けられる。

2 和食のように調味料を時間差で使わない！

日本では調味の基本は"さしすせそ"といわれるように、時間差をつけて加える場合も多いが、韓国料理においては、ほとんどの調味料は一度に加えるので、合わせだれは実に理にかなったもの。ただし、にんにく、水あめなどは最後に加える。

3 野菜の自然の甘みを活かすのが金さん流！

金さんが大事にしているのが、野菜からじわりと出てくる甘み。このおいしさを活かすために、水分はみりんと酒が基本。ほとんど使わない。また砂糖もできる限り控えるのがポイント。最後に加える水あめは、あくまでツヤとテリ出しに。

万能しょうゆだれ

材料（作りやすい分量）
A ┌ 米味噌…300g
　├ みりん…300mℓ
　├ しょうゆ…50mℓ
　└ 水あめ…150g
粉唐辛子（細びき）…70g
グラニュー糖…30g

甘辛さを演出する韓国料理の原点
万能コチュジャン

作り方

1. Aをミキサーにかける

Aの材料をミキサーにかけ、米味噌のツブツブがなくなるくらいまで、なめらかにする。

2. 全ての材料を鍋に

1と粉唐辛子、グラニュー糖を鍋に入れて中火にかけ、木ベラで混ぜながら沸騰させる。

3. 火を弱め約15分混ぜる

ボコボコとしてきたらすぐに火を弱め、焦がさないように15分間くらい混ぜて、ボッテリとするまで練る。

保存法
期間：約1年間
コチュジャンが冷めたら、ラップをかけて、口を輪ゴムで留め、さらにふたをして冷蔵庫で保存。温度が高いと発酵が進んでしまうので要注意。また、プラスチック容器は味が変わりやすいので、陶器製の壺などに入れておくと、より保存性が高まる。

韓流テク
冷めると粘度が強くなるので、仕上がりは、木ベラですくってみて、タラタラと落ちるくらいに留めておくのがコツ。硬くなりすぎると、使いにくくなる。

市販のコチュジャンもひと手間加えて、簡単に本格仕様！
材料と作り方
（作りやすい分量）
コチュジャン（市販）30g、米みそ10g、水あめ大さじ1を、すべて混ぜ合わせる。

韓国料理に欠かせない唐辛子味噌 "コチュジャン"

日本の焼肉店などでも、必ずテーブルに置かれている辛い味噌。これがコチュジャン。"コチュ"は韓国語で唐辛子を指すが、ただ辛いだけでなく、料理に複雑な深い旨みを与えてくれる、韓国料理になくてはならない存在だ。

本来は、穀類、麹、唐辛子などを原料として熟成発酵させて作るものだが、ここでは日本で手に入る材料で、金さんに手作りレシピを教えていただいた。

「日本にはおいしい米味噌があるので、これを使います。大変そうに見えるかもしれないけれど、びっくりするほど簡単なのよ!」

ひとつめのコツは、調味料をミキサーにかけて、米味噌のツブツブが口に当たらなくなるまでなめらかにすりつぶすこと。ふたつめのコツは、すべての材料を鍋に入れたら、焦がさないように決して目を離さず、弱火でていねいに混ぜ合わせること。時間は30分ほどかかるが、ここさえ守れば、間違いなくおいしいコチュジャンとなること請け合い。しかも一度作れば一年間保存できるというのだから、手間をかけただけの甲斐は充分にあるというものだ。

コチュジャンをベースに 3アレンジ が可能!

3 ヤンニョムコチュジャン

ごまの風味が食欲をそそる

ふわりと漂う豊かなごま油の風味が特徴。ビビンバを始め、とにかくご飯との相性が良い。また、魚介類の生臭みを消す効果もあるので、ケジャン(ワタリガニの辛みそ漬け)のベースにしたり、刺身の和えだれにしても。

ごま油…大さじ1
白ごま…小さじ1
しょうゆ…小さじ2

作り方 コチュジャン50gと上記の材料をすべて混ぜ合わせる。

● **豆腐のソテー**
水きりをして塩、コショウをふり、油で焼いた豆腐に、ヤンニョムコチュジャンと酢を混ぜたたれをつけて食べるのも美味。芽ネギを添えればさらに◎。

● **韓国式焼きうどん**
ヤンニョムコチュジャン、だし、粉唐辛子、ごま油をひと煮立ちさせ、ゆでうどんを加えて炒め煮すればシンプル焼きうどんの完成。野菜を加えても。

2 チョコチュジャン

酸味が魚介類にマッチ

"チョ"は韓国語で酢の意。爽やかな甘酸っぱさが特徴で、特に魚介類との相性がバツグン! 韓国では刺身につけて食べるのもポピュラー。日本の酢みそ感覚と考えれば、よく合う素材やいろいろなアレンジが思い浮かぶはず。

酢…25mℓ
砂糖…大さじ1
レモン汁…少々

作り方 コチュジャン50gと上記の材料をすべて混ぜ合わせる。

● **わかめの和え物**
魚介と相性のよいチョコチュジャンは、海藻ともよく合う。チョコチュジャンと白ごまを混ぜ、食べやすく切ったわかめを和えれば、ヘルシーなひと品に。

● **和えそば**
ゆでたそうめんを、チョコチュジャン、砂糖、ごま油、しょうゆを混ぜたたれで和えれば手軽な麺料理に。パパッと作れるから、お酒のあとの〆にも。

1 タデギ

鍋や炒め物に最適

甘みが極めて控えめで、キレの良いピリッとした辛さが特徴。鍋料理や炒め物、煮物などに応用が利く便利なたれ。また、辛いもの好きなら、うなぎに少し溶いてつけただけにしたり、汁物などに入れてもおいしい。

おろしにんにく…小さじ1
おろししょうが…少々
しょうゆ…小さじ1/2
みりん…小さじ1/2
酢…少々(1〜2滴)

作り方 コチュジャン50gと上記の材料をすべて混ぜ合わせる。

● **スンドゥブチゲ**
近年ブームになっているスンドゥブチゲに使われているのもタデギ。たっぷりの野菜と、豚肉、魚介、豆腐などを一緒に煮込めば、体の中からポカポカ。

● **うなぎのたれ焼き**
白焼きをグリルでサッと焼き、タデギとごま油を混ぜたものを刷毛に塗ってあぶれば、蒲焼きとは違ったおいしさ。ゆでた白菜で包んで食べても。

コチュジャンにプラスする材料

オススメの料理例

ありものの野菜と加工肉で作る
ボリューミーな簡単鍋料理

ブデチゲ

コチュジャン活用

1 タデギを使った料理

スープの旨みをたっぷり吸った、
ラーメンのおいしさは格別！

タデギで手軽に作れる韓国の若者に大人気の鍋

ブデチゲの"ブデ"とは"部隊"のこと。もともとは軍隊で、インスタントラーメンや、ハム、キムチなどを煮込んで作った鍋が始まりだというが、今では韓国の若い人たちにも大人気で、専門店も多くあるとか。

さて、このブデチゲ、タデギがあれば、より洗練された味わいを簡単に楽しめる。野菜もたっぷり、ラーメンで食べごたえも充分。グツグツの鍋で盛り上がろう！

材料（2人分）
- ソーセージ…1袋（約100g）
- スパム…100g
- キャベツ…½個
- 大豆もやし…½袋（100g）
- ねぎ…⅓本
- 和風かつおだしの素（顆粒）…小さじ1
- 粉唐辛子（粗びき）…小さじ1
- **タデギ…大さじ2**
- インスタントラーメン（辛ラーメン）…1玉

韓国食材 ❶ 「辛ラーメン」

コシのある太麺だから煮込み鍋にもピッタリ！

韓国のインスタントラーメンのトップブランドといえば"辛ラーメン"。ブデチゲに使う場合は、麺をザルに入れてザッと熱湯をかけ回しておくと、特有の油臭さが抜けて、よりおいしい。日本製のインスタントラーメンを使う場合も同様に。

作り方

1 食材を切る

ソーセージは裏表に4～5本、斜めに浅い切り込みを入れる。スパムはソーセージと同じくらいの大きさに切る。キャベツは硬い芯を取り除き、食べやすい大きさに手でちぎる。

> 🇰🇷 **韓流テク**
> 野菜はあり合わせでよいが、甘みの出るキャベツはぜひ入れて！

2 鍋に野菜を入れる

鍋に水500㎖（材料外）を入れて沸かし、キャベツを加える。キャベツがしんなりしたら、大豆もやしを加える。

3 調味料を加える

2に和風かつおだしの素、粉唐辛子、タデギを加え、ひと混ぜする。

> 🇰🇷 **韓流テク**
> 和風かつおだしの素の代わりに、500㎖相当の煮干しでとっただしを使ってもよい。また、殻付きアサリ、干しエビなどを加えても良いだしが出る。

4 肉類を加える

3にスパムとソーセージを加え、ねぎも加えて、ひと煮する。

5 ラーメンを加える

最後にインスタントラーメンを入れて（添付のスープは使わない）、柔らかくなるまで煮る。途中、汁気が足りなければ、水を足す。

> 🇰🇷 **韓流テク**
> スパムにはかなり塩分があるので、きちんと味見をして、もし足りないようであれば、最後に塩少々で味を調える。また辛みが足りないようであれば、コチュジャンを加える。

コチュジャン活用 ① タデギを使った料理

豚肉の炒め物

ちょっぴり甘辛
丼風のお弁当にしても◎

奥行きのあるタデギの辛みで
ご飯もお酒も進む味わいに

主材料は豚肉と玉ねぎ、ねぎのみ。極めてシンプルだが、なんともいえない深い味わいとなっているのは、タデギの力があってこそ。すべての調味料を、肉にしっかりもみこんでなじませてから火を通し、さらによくからめてつややかに仕上げるのがポイントだ。また、この炒め物は冷めてもおいしく、汁気も少ないので、ご飯にのせて丼風のお弁当にしても◎。定番料理として覚えておきたい。

つけ合わせに最適!「チョレギサラダ」

肉料理にはたっぷりの野菜を添えて

韓国料理店や焼肉店のサラダ類の中でも、もっともポピュラーなチョレギサラダ。野菜とドレッシングは手でよく和えて、ややシナッとするくらいなじませるのがコツ。箸休めとしてもいいが、炒め物と一緒に食べてもおいしいのでお試しを。

材料
- サニーレタス…適量
- えごま(または青じそ)…適量
- A
  - しょうゆ…大さじ2
  - みりん・酢・ごま油…各大さじ1
- すりごま…小さじ½
- 粉唐辛子(粗びき)…小さじ1
- 砂糖・おろしにんにく…各小さじ1

作り方
1. サニーレタスとえごまを手で食べやすい大きさにちぎる。
2. Aを混ぜ合わせ、ドレッシングを作る。ボウルに野菜を入れ、ドレッシングを加えて手でよく和える。

材料(2人分)
- 豚バラ肉(塊)…200〜250g
- A
  - タデギ…大さじ2
  - 酒…50ml
  - 粉唐辛子(粗びき)…小さじ1
  - ごま油…大さじ2
  - 粗びき黒コショウ…少々
- 玉ねぎ(繊維に沿って3〜4mm厚さに切る)…½個
- ねぎ(斜め薄切りにしたもの)…3〜4枚
- 水あめ…大さじ½
- チョレギサラダ…適宜

韓国食材② 「水あめ」

「水あめ」で上品な甘みと、つややかな仕上がりをプラス

日本の水あめと違って、韓国の水あめはサラサラで甘みも控えめ。料理の仕上げにほんの1滴加えると、品の良いツヤが出て、サッパリとした甘みが加わる。金さんが使っているのは「ジャパン大象」(http://www.daesang.co.jp/)のもの。

作り方

1. 豚バラ肉を切る
豚バラ肉は小口から3〜4cm厚さに切る。

韓流テク
豚肉はあまり薄いとペラペラしておいしくない。また逆に厚く切りすぎると火の通りが悪く、食べにくいので注意して。

2. 鍋に1とAを入れる
鍋に1とAを順に入れ、手でよくもみ、弱火にかける。

3. ふたをして蒸し煮に
ふたをして蒸し煮にし、肉に火が通るまで5〜6分間おく。

4. 全体を混ぜる
ふたを取って、全体を炒めるように混ぜる。

5. 玉ねぎを加える
4に玉ねぎとねぎを加えて、からめるようにして炒め合わせる。

6. 水あめを加える
全体に火が通ったら、火を止め、水あめを加えて、大きく混ぜてからめる。

韓流テク
仕上げに水あめを加えることで、ツヤツヤとしたおいしそうなてりが出る。

コチュジャン活用 ②

チョコチュジャンを使った料理

カキのジョン

カキ特有の磯の香りを
ジャンが爽やかに引き立てる

材料（作りやすい分量）
- カキ（生食用）…1パック(150g)
- 卵（Sサイズ）…3個
- A ┌ 塩…小さじ1
     └ おろしにんにく…小さじ1/2
- 小麦粉（薄力粉）…適量
- 太白ごま油（またはサラダ油にごま油を加えたもの）…適量
- **チョコチュジャン**…適量

作り方

1　カキの下準備 
カキは塩水（分量外）で洗い、水けをきる。さらにクッキングペーパーに並べて、しっかり水けを取る。

2　卵を混ぜる 
卵は、ボウルにザルを重ねたところに2個は全卵、1個は黄身だけを割り入れて、小さな泡立て器などで混ぜながら漉す。漉したものにAを加えて、混ぜる。

🇰🇷 **韓流テク**
卵をからめる料理の場合、卵は1個を黄身だけにすると、味も濃くなり、仕上がりの色がきれい。またザルで漉すことで、白身がよくきれて、なめらかになる。

3　カキに衣をつける 
水気をきった1のカキに小麦粉を薄くまぶし、2の卵液に入れる。

4　フライパンに並べる 
フライパンにごま油を入れ、弱火にかける。油が少し温まったら、卵液をよくからめたカキを、重ならないように並べる。

5　弱火で焼く 
弱火のままカキを焼き、卵に火が通ったら、卵が流れてつながったところを箸で切り、ひっくり返して火を止め、完成。チョコチュジャンをつけて食べる。

🇰🇷 **韓流テク**
カキの裏側は焼かずに、余熱で卵の膜を軽く作る程度に。焼きすぎるとカキも卵も硬くなるので要注意。

卵液にひと手間掛けてよりなめらかに、色美しく

ジョンは素材を溶き卵にくぐらせて焼く、韓国の調理法。卵はザルで漉すことで、なめらかさが生まれる。「最後に漉しきれずに、ザルに残ったものは使わないでね」（金さん）

また、焼くときの油は温度を高くすると、卵が焦げやすくなるので、ほんのり温める程度に。酸味のきいたチョコチュジャンをつけて食べると、味がギュッと引き締まる。同様の手順で、少し厚めに切った白身の刺身などをジョンにしてもおいしい。

コチュジャン活用 **3**

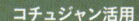

ヤンニョムコチュジャンを使った料理

干し魚の煮つけ

干し魚だから扱いも簡単！
冷蔵庫で4〜5日保存もできる

材料（2人分）
- 干しタラ（丸干し）…1本
- A
  - ヤンニョムコチュジャン…大さじ1
  - おろしにんにく…小さじ½
  - 粉唐辛子（粗びき）…小さじ1
  - ごま油…小さじ1
  - 酒…150mℓ
  - みりん…50mℓ
- 水あめ…1滴

作り方

1　干しタラの下準備 
干しタラはヒレをハサミで切り、3〜5cm幅の斜め切りにする。

🇰🇷 **韓流テク**
干しタラが手に入らなければ、アジなどほかの干物でもOK。あるいは切り身を塩水でサッと洗って、2〜3時間、軽く干したものを使ってもおいしい。

2　鍋に1とAを入れる 
鍋に1とAを入れて、ふたをして強火にかける。

3　汁気をからめる 
5〜6分間煮たら、ふたを取って中火にし、鍋を回すようにしながら、汁気をタラにからめる。

🇰🇷 **韓流テク**
魚は身がくずれやすいので、箸でグズグズいじらず、鍋を回すようにしながら味をからめていくのがコツ。

4　水あめを加える 
汁気がほぼなくなったら、火を止め、水あめを加えて、再び鍋を回すようにしながら全体にサッとからめる。

干し魚の旨みとエキスを心ゆくまで味わえる

韓国では、美肌効果や二日酔いにもよく効くヘルシー食材として愛されている干しタラ。スープに使うことも多いが、煮つけにしても、だしがよく出て美味。干してあるので、冷めても生臭くないのも魅力だ。
豊かなごま油の風味を持つヤンニョムコチュジャンをベースに、ほんのりにんにくを効かせてこっくりとした味わいに仕上げるのが金さん流。干しタラは韓国食材店やインターネット通販でも手に入る。

万能しょうゆだれ

日本人にもなじみやすく応用範囲の広いたれ

材料（作りやすい分量）

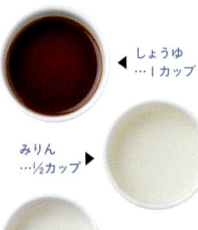

- しょうゆ…1カップ
- みりん…½カップ
- 酢…½カップ
- おろしにんにく…大さじ2

作り方
上記の材料を混ぜ合わせる。

オススメの料理

●**韓国風ナスの南蛮漬け**
素揚げにしたなすを、しょうゆだれ、酢、しょうゆ、黒コショウ、赤唐辛子を混ぜ合わせたたれに漬け込むだけ。冷蔵庫でひと晩おけば、味がしみてとろりウマウマ！

●**プルコギ**
プルコギは韓国式のすき焼き。牛薄切り肉を、しょうゆだれ、ごま油、おろしにんにく、白ごま、黒コショウなどを合わせたたれでもめば、肉の下ごしらえは完了！

保存法
期間：約1ヶ月
ペットボトルなどに入れ、冷蔵庫に保存すれば1ヶ月くらいは余裕でもつ。匂いが気になるなら、おろしにんにくは入れなくてもOK。

つけだれにはもちろん煮物やドレッシングにも

どこの家庭にもある素材を使って、ただ混ぜるだけで手軽に作れるしょうゆだれ。唐辛子も入らないので、辛みが苦手という人でも大丈夫！生野菜や温野菜や春雨などにからめたり、冷や奴にかけてもおいしい。

また、さまざまなアレンジが楽しめるのも魅力。好みですりごまや粗びき唐辛子を加えたり、湯豆腐などのつけだれにする場合は、市販のポン酢と混ぜてもOK。

そして、このしょうゆだれはチヂミのつけだれとしてもおなじみ。にんにくの風味と酢のさっぱり感に、食欲が誘われる。

「チヂミはいわば韓国風お好み焼きですが、ポイントがいくつかあるんですよ」

まずは、中火から中強火にかけ、揚げ焼きの要領でじっくり焼くこと。そして生地を裏返すのは一度だけ。何度もひっくり返さないのが、カリカリに仕上げるコツだ。

この時、フライパンを向こう側に傾けて油を寄せ、手前に安心。焼きにすると、油がはねずに安心。焼き上がったら火を止め、生地の下に斜めにフライ返しを差し入れ、少しおいてから、油がきれいにきれて、さらにカリカリ度がアップする。

54

作り方

1 海鮮を刻む
イカのゲソとむきエビは、アサリのむき身と大きさを合わせてザクザク刻む。

🇰🇷 **韓流テク**
魚介はお好みで。ただしだしが出るアサリはぜひ入れよう!

2 野菜を切る
Aの野菜はすべて太めのせん切りにする。

3 海鮮に衣をつける
ボウルに天ぷら粉と水50cc、魚介を入れて、粉がしっとりするくらいまで、スプーンでよく混ぜ合わせる。

🇰🇷 **韓流テク**
水は入れすぎにくれぐれも注意。足りないように思えても、混ぜているうちに魚介と野菜から水分が出るので、ビクビクせずに分量を守って。

材料(2人分)
- アサリのむき身・イカのゲソ・むきエビ …合わせて60g
- A
  - 玉ねぎ…1/4個
  - にんじん(斜め薄切りにしたもの)…2枚
  - ねぎ…青い部分と白い部分を各少々
- 天ぷら粉…60g
- 水…50ml
- 太白ごま油…適量
- しょうゆだれ※…適量

4 野菜を加える
3に野菜を加え、さらによく混ぜる。全体に粘りが出て、スプーンでまとめて持ち上がるくらいになったらOK。

🇰🇷 **韓流テク**
生地は念を入れてよく混ぜるのがコツ。粘りが足りないと、焼いているうちにボロボロと崩れる。

5 フライパンに生地を入れる
フライパンにごま油をたっぷりめに入れ、4の生地を全体に広げ入れて、丸く平らにむらなくのばす。中火から中強火にかけ、じっくり焼く。

🇰🇷 **韓流テク**
油は伸ばし広げた生地の下½くらいが浸かるくらいのたっぷりめが目安。また火にかける前に、生地を入れるのがコツ。

6 ひっくり返す
フライ返しで少し下面を持ち上げて、きつね色になっているのを確認して、ひっくり返す。

7 裏面も色よく焼く
裏面もカリカリになるまでじっくり焼き上げて完成。食べやすく切り、しょうゆだれをつけて食べる。

🇰🇷 カリカリと心地よい食感の中から
魚介と野菜の旨みが顔を出す

海鮮&野菜チヂミ

※しょうゆだれに、お好みですりごまや粗びきの唐辛子を加えてもOK。

マスターしておきたい！
混ぜるだけの韓国小皿料理とピビンパ

韓国の食卓に欠かせない、各種ナムルや和え物。ゆでるなど簡単な下処理を施した野菜や魚介を、合わせ調味料で和えるだけで、手軽でヘルシーなひと皿ができる。これぞまさに"万能だれ"あればこそ！

下の野菜ナムルを使って

全体をよく混ぜて食べるのが◎

スペシャルピビンパ

ヤンニョムコチュジャンを使って

桜エビをプラスして香ばしく

キャベツのナムル

材料（2人分）
- キャベツ…1/4個
- 乾燥桜エビ…ひとつまみ
- A
  - ヤンニョムコチュジャン…大さじ1
  - おろしにんにく（好みで）…少々

作り方
1. ボウルにAを入れて混ぜ合わせる。
2. キャベツは芯を取り除き、太めのせん切りにする。ビニール袋に入れて、口をしばり、電子レンジ（600W）で3～4分間、加熱する。適度に食感を残す程度に、シナッとすればOK。
3. キャベツが熱いうちに1のボウルに入れ、桜エビも加えて、箸でサクッと和える。

ヤンニョムコチュジャンを使って

ほんのりにんにく風味

小松菜のナムル

材料（2人分）
- 小松菜…1/2把
- A
  - ヤンニョムコチュジャン…大さじ2
  - 白ごま…小さじ1/2
  - おろしにんにく…少々
  - ごま油…大さじ1

作り方
1. 小松菜は硬い軸の部分と葉の部分に切り分け、それぞれ5cm長さに切る。
2. 鍋に湯を沸かし、小松菜の軸の部分を入れ、少ししんなりしたら、葉の部分も入れてゆでる。葉の色が鮮やかになったら、すぐに水にさらし、水けを絞る。
3. ボウルにAを入れて混ぜ合わせ、小松菜を加えて、手でサクッと和える。

ナムルはフワッと、ビビンパはしっかり混ぜて

ご飯とナムルを一体化させ、複合的なおいしさを楽しんで！

「ナムルは、たれでまんべんなく和えるのがポイントですが、漬け物ではないので、全体をふんわりサクッと混ぜて、ギュウギュウもみすぎないようにしてくださいね」と金さん。一方、ご飯にのせてビビンパにするときは、全体が一体化するまで、よく混ぜるのがコツ。スプーン一本で難しければ2本使って目玉焼きもくずし、下から上に返すようにしながら、米一粒一粒に具の旨みをからませよう。

作り方

1 麦ご飯の下準備

米と麦を3：1で配合し、一緒に洗って、炊飯器で白米を炊くときと同様の水加減で炊く。麦ご飯を器に盛り、しょうゆだれとごま油をサッとかける。

韓流テク
ご飯に麦を加えて、ヘルシー度はさらにアップ。しょうゆだれとごま油で軽く下味をつけることで、さらにナムルとのからみがよくなる。

2 材料をトッピング

1にナムル、目玉焼きを順にのせ、刻み海苔を散らして、コチュジャンをトッピングする。全体をスプーンでよく混ぜ合わせて、食べる。

材料（2人分）
大豆もやしナムル・キャベツのナムル・小松菜のナムル…各適量
麦ご飯…茶碗2膳分
しょうゆだれ…少々
ごま油…少々
目玉焼き…2個※
刻み海苔…適宜
コチュジャン…適宜

※フライパンに油を少なめに入れて、弱火で熱する。卵を割り入れ、ふたをして軽く蒸し焼きにし、火を消して2〜3分間おく。

チョコチュジャンを使って
タコの和え物
リンゴの甘みと食感が絶妙

材料（2人分）
ゆでダコ…150g
りんご…¼個
チョコチュジャン…大さじ3
A　ごま油…小さじ1
　　水あめ…小さじ½
　　粉唐辛子（粗びき）・すりごま
　　…各少々

作り方
❶ゆでダコはぶつ切りにする。
❷りんごは皮をむいて、太めの棒状に切り、塩水（分量外）にさらして、色止めする。
❸ボウルにAを入れてよく混ぜ、1と2を加えて、手でよく和える。

万能しょうゆだれを使って
大豆もやしのナムル
ちょっぴりピリ辛

材料（2人分）
大豆もやし…200g
A　**しょうゆだれ…大さじ1**
　　ごま油…大さじ1
　　すりごま…小さじ1
　　粉唐辛子（粗びき）…少々

作り方
❶鍋に大豆もやしが浸るくらいの水を入れて沸かし、大豆もやしをゆでる。再沸騰したら、豆に火が通っていることを確認し、ザルに上げて水にさらし、水けをしっかりきる。
❷ボウルにもやしを入れて、Aを順番に加えて、箸で混ぜる。

アルポルト・片岡護シェフ直伝

本格イタリアン万能だれを完璧マスター！

トマトソース、バジリコソース、ケッパーソース
3つのソースで作る贅沢レシピ

イタリアンの「万能だれ」は、じつはパスタソースだった！ アレンジ法が無限に広がる"ズグレモノ"ソースを、片岡シェフが伝授。これさえあれば、簡単手軽に本格イタリアンの完成！

取材・文／小林安菜子
撮影／岡部留美

監修 片岡護シェフ
日本のイタリアン発展に貢献してきた料理人の一人。オーナーシェフを務める「リストランテ アルポルト」では、懐石料理の要素を加えた繊細なイタリアンを提供。また、著書やメディアを通じ、家庭でも簡単＆おいしく作れるイタリアンを提案し、好評を得ている。

郵便はがき

170-8457

切手をお貼りください

東京都豊島区南大塚
2-29-7
KKベストセラーズ
書籍編集部 行

おところ 〒		
	TEL ( )	
（フリガナ） おなまえ		年齢　　　歳 性別　男・女

ご職業
　会社員（事務系、技術系）　　　学生（小、中、高、大、その他）
　公務員（事務系、技術系）　　　自営（商、工、農、漁、医、その他
　教　職（小、中、高、大、その他）　自由業（
　無　職（主婦、家事、その他）　　その他（

ご勤務先または学校名

愛読者カード

このハガキにご記入頂きました個人情報は、今後の新刊企画・読者サービスの参考、ならびに弊社からの各種ご案内に利用させて頂きます。

● 本書の書名

● お買い求めの動機をお聞かせください。
1. 著者が好きだから　2. タイトルに惹かれて　3. 内容がおもしろそうだから
4. 装丁がよかったから　5. 友人、知人にすすめられて　6. 他の本の広告で見て
7. 新聞広告(朝、読、毎、日経、産経、他)　8. その他(　　　　　　　　　　　)

● 定期的にお読みになっている雑誌名をお聞かせください。
(　　　　　　　　　　　　　　　　　　　　　　　　　　　　　　　　　)

● 月何冊くらい本を読みますか。　● 本書をお求めになった書店名をお聞かせください。
(　　　冊)　　　　　　　　　(　　　　　　　　　　　　　　　　)

● 最近読んでおもしろかった本は何ですか。
(　　　　　　　　　　　　　　　　　　　　　　　　　　　　　　　　　)

● お好きな作家をお聞かせください。
(　　　　　　　　　　　　　　　　　　　　　　　　　　　　　　　　　)

● お読みになりたい著者、テーマなどをお聞かせください。

● 本書についてご意見、ご感想をお聞かせください。

イタリア料理 地方別のソースの特色

北部

北部では酪農が盛んなため、ソースにもクリームやバター、チーズを多用。また、リグーリア州は北部では珍しく、オリーブオイルの産地として有名。香草類も豊富に採れることから、ジェノヴェーゼのようなソースが定番に。

代表的なパスタ

ジェノヴェーゼ
バジルの青々とした香りを楽しめる、ジェノヴァの名物ソース。

ゴルゴンゾーラソース
ピエモンテ州とロンバルディア州で作られるゴルゴンゾーラを使用。

中部

平野部で牧畜が盛んなこの地域では、肉を使ったソースがポピュラー。日本でミートソースと呼ばれるボロネーゼはボローニャ生まれ。トスカーナやウンブリアでも、やはり肉を使ったラグーなどが作られている。

代表的なパスタ

ボロネーゼ
"ボローニャ風の"という意味。肉の旨みをストレートに堪能。

南部

トマト、オリーブオイル、にんにく、トウガラシを使うソースが豊富。海辺の地域では魚介、やや内陸の山間部では野菜や肉が具として用いられる。細かく挙げると、ローマやナポリではトマトソースが、プーリア州ではオイルソースが主流。

代表的なパスタ

ボンゴレ
アサリやハマグリなどの二枚貝を使ったナポリ名物のパスタ。

アマトリチャーナ
トマト味で、ペコリーノチーズを使う、ローマ近郊の郷土パスタ。

ソースの味わいは地域ごとに種々様々

イタリア料理の特徴は、何といっても地方色にある。多様な気候風土を持つイタリアは、地域ごとに収穫できる食材が明らかに異なる。それが料理に反映され、各地の個性を生んでいるのだ。これがイタリア料理は、"料理を見れば、どこで作られているかがすぐにわかる"と言われる所以。パスタソースも然りで、ボロネーゼやボンゴレといった日本人に馴染み深いソースも、イタリア全土で食されているわけではなく、地域が限定される。

ソースの味の傾向は、大まかに北部、中部、南部に分けられ、北部は乳製品、中南部はトマト、南部はオイルを多用。今回紹介したソース以外のものも、ぜひ活用してみてほしい。

地図／長岡伸行

アレンジは自由自在 イタリアンの万能選手

イタリア料理の"万能だれ"として片岡シェフが教えてくれたのは、パスタに使うソースだ。

"パスタソースは、さまざまな料理に応用できるマルチプレーヤー。たとえばその日入れた食材に、和えたりかけたりするだけで、立派な応用範囲が広く、保存も効くので、ひとつ作っておくだけでも便利ですよ"(片岡シェフ)

パスタソースはいろいろな種類があるが(上記参照)、その中でも今回紹介した3種のソースは、イタリアンの基本の"き"ともいえる代表例。発想次第で前菜もメインにも、もちろんパスタにもでき、アレンジ法は自由自在。これらソースを巧みに使いこなせば、家イタリアンのバリエーションは、劇的に広がるはず!

リストランテ アルポルト
☎03-3403-2916
⊕東京都港区西麻布3-24-9上田ビルB1
⊙11:30〜13:30 (L.O.)、17:30〜21:30 (L.O.) ㊡月

トマトソース

Salsa di pomodoro

イタリアンの顔ともいうべき王道ソース
軽やかなのにコクのある味わいがベスト

保存法
密閉容器に入れ、冷蔵庫で10日間は保存可能。冷凍する場合は小分けにすると、後で解凍して使う際に便利。

🇮🇹

玉ねぎをよく炒めることが美味しさの決め手

イタリアンのソースといえば、やはり真っ先に挙がるのがトマトソース。トマトの爽やかな酸味を生かしたこのソースは、あらゆる料理のベースに用いられる。

トマトソースをシンプルに料理ゆえに、料理店ではこだわりの良質なトマトを使う場合が多いが、家庭ではなかなかそうはいかない。一般に手に入る水煮トマトを使って、"プロ顔負けのある、"軽やかなのにコクのある、"プロ顔負けの美味しいトマトソースが作れないだろうか。「大丈夫、作れます」と太鼓判を押す片岡シェフ。

「ちょっと手間はかかるけれど、玉ねぎをアメ色になるまで炒めることが、何よりのポイント。そうすると玉ねぎの旨みがギュッと凝縮されて、深いコクが生まれます。この炒め玉ねぎの工程こそが、仕上がりの味を左右するんです」

ただし注意点は、炒めている間に決して焦がさないことだという。焦げ臭が少しでも出ると、トマトの風味が台無しになってしまうからだ。トマトの煮込み時間は、フレッシュ感を残すなら短め、まろやかさを出すなら長めで。味見をしてタイミング良く仕上げよう。

材料（作りやすい分量）
水煮ホールトマト缶…1kg
玉ねぎ…2個
にんにく…2片
バジリコの葉…5〜6枚
塩、コショウ…各少々
オリーブオイル…50㎖

1
玉ねぎはザク切りにする。にんにくは叩いて潰し、半分に切って芯を取る。鍋に玉ねぎとにんにく、オリーブオイルを入れ、弱火にかける。

2
そのまま約40分、玉ねぎがキツネ色になるまでじっくり炒める。

3
水煮トマトとバジリコの葉を加え、強火にする。

4
煮立ったら弱火にし、一時間ほど煮込む。途中、ヘラで水煮トマトを潰す。

5
味見をして塩、コショウで味を調え、ザルなどで裏漉しすれば完成。

イタリア食材事典 1
トマト【pomodoro】

料理の歴史を変えた"黄金のりんご"

イタリア料理の代表的な食材がトマト。イタリアに伝わったのは、16世紀頃と言われている。だが長い間観賞用として扱われ、実際に食用として広まったのは19世紀に入ってから。この食用トマトの浸透で、イタリア料理は大きく変わることになる。

現在ではイタリア料理に欠かせない食材だが、トマト自体をメインにした料理は意外に少なく、ソースが主流になる。イタリアで一般に出回っているトマトも、加熱調理用のサンマルツァーノ種が中心。一方、日本で流通しているものはほとんどが生食用で、桃太郎が代表品種だ。また調味料的に用いられるドライトマト（市販）は、イタリアのペリーニという種類になる。

生トマト
主にサラダに使われる。昨今は栽培法にこだわったトマトが多く出回り、フルーツトマトなど、甘みの強いものに人気が集まる。

ドライトマト
市販品はイタリア産がほとんど。旨みが強く、パスタや煮込み料理の隠し味に使われる。家庭ではオーブンで作ることも可能。

トマト缶
加熱調理用の水煮。細長い形状の、水分や種の少ないサンマルツァーノ種を使用。長期保存ができるので常備しておきたい。

本格イタリアン 🇮🇹

アマトリチャーナ風スパゲッティーニ

これぞまさにイタリアンパスタ
ベーコンの香りが食欲をそそる!

材料(1人分)
- トマトソース…130g
- 玉ねぎ…30g
- ベーコン(塊)…40〜50g
- にんにく…½片
- スパゲッティーニ…80g
- パルメザンチーズ…50g
- 塩…少々
- オリーブオイル…大さじ1½
- パセリ(みじん)…適量

作り方

❶鍋にたっぷりの湯を沸かし、湯の1%量(1ℓ:10g)の塩を入れ、スパゲッティーニをゆで始める(ゆで時間は9分)。

❷にんにくは叩いて潰し、半分に切って芯を取る。フライパンにオリーブオイル(大さじ1)とにんにくを入れ、弱火にかける。

❸にんにくの香りが立ってきたら、7〜8mm角の棒状に切ったベーコンを加え、表面に軽く焼き色がつくまで炒める。

❹約1cm角に切った玉ねぎを加え、同じく表面がキツネ色になるまで5分ほど炒める。

❺トマトソースを入れる。トマトソースが煮立ってきたら、①のゆで汁を少々加えてのばす。

❻アルデンテにゆでたスパゲッティーニの湯を切り、⑤に入れる。パルメザンチーズ(40g)を振り入れ、フライパンをあおって全体を混ぜ合わせる。

❼味見をして、塩で味を調える。オリーブオイル(大さじ½)を加え、さっと混ぜ合わせる。

❽器に盛り、残りのパルメザンチーズ、パセリを振って完成。

トマトソースで作る

パッケリのグラタン

まろやかなチーズソースが、トマトの酸味とほどよく調和

材料（2人分）
トマトソース…100g
パッケリ…8〜10個
リコッタチーズ…100g
パルメザンチーズ…40g
卵黄…1/2個
塩…少々
コショウ…少々
ホワイトソース…1カップ
生クリーム…1/4カップ
バター…少々
オリーブオイル…少々

作り方
❶鍋にたっぷりの湯を沸かし、湯の1％量の塩を入れ、パッケリをゆで始める（ゆで時間は13分）。
❷ボウルにリコッタチーズ、パルメザンチーズ（10g）、卵黄、塩、コショウを入れて混ぜ合わせる。これを絞り袋に入れる。
❸パッケリがゆで上がったら湯を切り、オリーブオイルを全体にあえて、くっつかないようにする。
❹パッケリの中に②を絞り入れる。
❺グラタン皿にトマトソースの半量を塗り、④を並べ、パルメザンチーズ（10g）を振る。
❻小鍋にホワイトソースと生クリームを入れて弱火にかけ、混ぜ合わせて滑らかな状態になったら、火を止める。これを⑤の上にかける。
❼残りのパルメザンチーズ、細かく刻んだバター、残りのトマトソースを順にかける。
❽温めておいたオーブントースターに入れ、表面に焼き色が付くまで焼けば完成。

ケッパーソース

Salsa di capperi

こんな使い方があったのかと目からウロコ
大人好みと言える、ほろ苦さと酸味が魅力

保存法
密閉容器に入れ、冷蔵庫で10日間は保存可能。冷凍する場合は小分けにすると、後で解凍して使う際に便利。

🇮🇹 アンチョビやにんにくと相性抜群のケッパー

ケッパーというと、日本人にはあまり馴染みのない食材だが、イタリア、とくにケッパーが採れる南の地域では、料理の隠し味としてよく用いられている。

「ケッパーソースは、ベースのオリーブオイルにいかに香りを移すかがポイントです」(片岡シェフ)

にんにくとトウガラシは、弱火でじっくり炒めること。次にでたっぷりのケッパーに、アンチョビやにんにくを加えて作るこのケッパーソースも、イタリア南部の定番ソース。ケッパーのほろ苦さ、アンチョビの旨み、にんにくの香りが溶け合った奥深い味わいが特徴だ。パスタはもちろん、ソテーした肉や魚、ゆで野菜にかけたり、またパンや生野菜にディップとしてつける食べ方もおすすめ。

ンチョビやケッパーを加えた際に味が染み出るように白ワインをすぐに投入。仕上げではレモンを絞り、生臭さを消して、全体の風味をキリッと締めることが肝心だ。

火を通しすぎると、煮詰まって塩辛くなり、香りも弱くなってしまうのでご注意を。水分が飛び、ケッパーとアンチョビが馴染んだくらいで火を止めるのが最適だ。

材料（作りやすい分量）

- ケッパー…30ｇ
- にんにく…大さじ１
- トウガラシ…½本
- アンチョビ…５本
- 白ワイン…30mℓ
- パセリ…大さじ１
- レモン汁…少々
- オリーブオイル…大さじ４

1 ケッパーとパセリはみじん切りに、にんにくも芯を取ってみじん切りにする。トウガラシは手で細かくちぎる。

にんにく ／ ケッパー ／ トウガラシ ／ パセリ

2 フライパンにオリーブオイル、にんにく、トウガラシを入れ、弱火にかける。にんにくが色付いてきたら、アンチョビを入れ、さっと炒める。

3 アンチョビの水分が飛んだところで、ケッパー、白ワイン、パセリを入れる。

4 ヘラでアンチョビを潰しながら、しばらく炒める。ワインの水分がなくなったら火を止め、レモン汁を加えれば完成。

イタリア食材事典 2
ケッパー【 capperi 】
アンチョビ【 acciuga 】

料理の味を決める意外に重要な脇役達

独特な香りとほろ苦さが特徴のケッパー。日本で一般に知られている料理はサーモンのつけ合わせくらいだが、原産地のヨーロッパではさまざまな料理に多用され、食べ親しまれている。主な栽培地はイタリア・フランス・スペインの地中海沿岸。とくにイタリア南部のエオリア諸島やパンテレリア島で作られるケッパーは最上品として有名。

アンチョビは、カタクチイワシ科の小魚を塩漬けにし、発酵・熟成させたもの。磯の香りと旨みが特徴で、イタリア料理に不可欠な調味料のひとつ。ケッパーやにんにくとの相性が良く、紹介したソース以外にも、バーニャカウダやプッタネスカといったポピュラーな料理がある。

ケッパー
ケッパーとはフクチョウソウ科の常緑低木の名前。その花のつぼみを塩漬けや酢漬けにしたものが、料理に用いられる。

アンチョビ（ペースト）
滑らかなペースト状なので、ソースに溶けやすく、汎用性が高い。また使う分だけ出せるチューブタイプは無駄なくお手軽。

アンチョビ（フィレ）
一般に手に入りやすいのが、この三枚におろした身が入るフィレタイプ。ケッパーの実を芯にして巻いたロールタイプもある。

魚介のグリル ケッパーソース

魚介とソースが溶け合い、磯の香り満点のひと皿に

材料（2〜3人分）
ホタテ貝柱…4〜6個
クルマエビ（またはスカンピ）…4〜6尾
白ワイン…30㎖
塩…少々
コショウ…少々
ケッパーソース…大さじ1
オリーブオイル…適量
パセリ（みじん）…適量
［つけ合わせ］
　キャベツ…2枚
　白ワイン…少々
　バター…10g
　塩…少々
　コショウ…少々

作り方
❶つけ合わせを作る。鍋に、大きめにちぎったキャベツ、白ワイン、バター、塩、コショウを入れて弱火にかけ、キャベツがしんなりするまで蒸し焼きにする。
❷エビは背ワタを取り、背側から包丁を入れて開く。開いたエビとホタテに、軽く塩、コショウを振る。
❸フライパンにオリーブオイルを熱し、ホタテと、エビは開いた面を下にして入れる。両面にほんのり焼き色がつくまで焼き、器に取り出しておく。
❹❸のフライパンに白ワインを注いで強火にかけ、アルコールが飛んだところで、ケッパーソースを入れて混ぜ合わせる。
❺皿に❶のキャベツを敷き、❸をのせる。キャベツの鍋に残った煮汁を❹のソースに加え、火を通しながら混ぜ合わせる。それを魚介の上にかけ、パセリを振って完成。

鶏ムネ肉のソテー ケッパーソース

ほろ苦いソースの効果で鶏肉の淡い旨みが際立つ

材料（2〜3人分）
- 鶏ムネ肉…1枚（約150g）
- 塩…少々
- コショウ…少々
- 白ワイン…15ml
- ケッパーソース…大さじ1
- オリーブオイル…大さじ1
- パセリ（みじん）…適量
- ［つけ合わせ］
  - アスパラガス…5〜6本
  - バター…5g
  - 塩…少々
  - コショウ…少々

作り方

❶ 鶏肉に塩、コショウを振って下味をつける。フライパンにオリーブオイルを熱し、皮目を下にして鶏肉を入れる。

❷ 皮目にこんがり焼き色がついたら裏返し、火加減を弱火にする。白ワインを注いでふたをし、5分ほど蒸し焼きにする。その後火を止めてしばらくおく。

❸ つけ合わせを作る。アスパラガスは皮の硬い部分をピーラーで剥き、下ゆでする。火が通ったら湯を切る。フライパンにバターを入れて弱火にかけ、アスパラガスをソテーして、塩、コショウで味を調える。

❹ 皿に❸を盛り、その上にスライスした❷の鶏肉をのせる。

❺ アスパラガスのフライパンに残ったバターソースに、ケッパーソースを加え、火を通しながら混ぜ合わせる。それを❹の上にかけ、パセリを振れば完成。

バジリコソース

Pesto alla Genovese di Basilico

身も心も清められていくような
鮮やかなグリーンと爽快な香り

材料（作りやすい分量）
- バジリコの葉…25g
- 松の実…35g
- くるみ…15g
- にんにく…大さじ½
- パルメザンチーズ…15g
- 塩・コショウ…各少々
- オリーブオイル…100ml

作り方
❶フライパンに松の実とくるみを入れて弱火にかけ、表面に軽く焼き色が付くまで乾煎りする。にんにくは芯を取ってみじん切りにする。
❷ミキサーに、バジリコ、①、にんにく、パルメザンチーズを入れ、ミキサーを回しながら、オリーブオイルを注ぎ入れる。全体が撹拌されて、滑らかなソース状になったら、塩、コショウを加え、ミキサーを止めて完成。

保存法
密閉容器に入れ、冷蔵庫で10日間は保存可能。冷凍する場合は小分けにすると、後で解凍して使う際に便利。

イタリア食材事典 3　バジリコ【basilico】

香りを重視するならフレッシュのままで

バジリコは"王様の草"という意味を持つ。爽やかな香りが特徴で、フレッシュな状態で使われる場合が多い。イタリアではリグーリア州が名産地として知られ、質のいいバジリコで作られる"ジェノヴェーゼ"が有名だ。

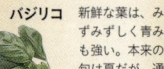

バジリコ
新鮮な葉は、みずみずしく青みも強い。本来の旬は夏だが、通年出回っている。

バジリコペースト
瓶詰されたペーストは、すぐに料理に使え、保存も効くので便利。

できるだけ新鮮で香りの良いバジリコを

鮮やかなグリーンの色合いと、青々とした風味が魅力のバジリコソース。"ジェノヴェーゼ"という、パスタでお馴染みのソースだ。
「バジリコはフレッシュなまま使うため、ものによって仕上がりの色や味が変わってきます。できるだけ新鮮な、香りの強いものを用意して」(片岡シェフ)
このバジリコの味わいに深みをプラスするにんにくやパルメザンチーズも、質の良いものを使うのが良い。そして松の実やくるみは、あらかじめ乾煎りをして、香ばしさを加えることもポイントだ。
これら材料をミキサーに入れ、撹拌すれば完成という手軽さだが、肝心なのは分量だという。
「分量はきっちり守ってください。どれかが多くても少なくても、風味のバランスが崩れてしまいます。この分量が黄金比率ですよ」

バジリコソースで作る本格イタリアン 🇮🇹

ミネストローネ バジリコ風味

材料（4～5人分）
- 玉ねぎ…½個
- じゃがいも…1個
- キャベツ…2枚
- にんじん…⅓本
- セロリ…½本
- ズッキーニ…½本
- ポアロー（または長ねぎ）…¼本
- さやいんげん…8本
- ほうれん草…½束
- 白いんげん豆（水煮）…50g
- 水煮ホールトマト…200g
- 水…約250㎖
- バジリコの葉…2枚
- にんにく…1½片
- 塩・コショウ…各少々
- バジリコソース…大さじ4～5
- オリーブオイル…適量
- パルメザンチーズ…適量

作り方
1. 玉ねぎ、じゃがいも、キャベツは1.5cmくらいの角切りに、にんじん、セロリ、ズッキーニ、ポアローは1cmくらいの角切りに、さやいんげんは1cmくらいの小口切りにする。
2. ほうれん草は下ゆでして水気を絞り、食べやすい長さに切る。
3. 大きめの鍋にオリーブオイル（大さじ1½）、にんにくを入れて弱火にかけ、にんにくがキツネ色になるまで炒める。
4. ①の野菜を加えて炒める。しんなりしてきたら、塩、コショウをする。
5. トマトを入れて、ヘラで軽く潰し、ひたひたになるくらいの水を注ぎ入れる。バジリコの葉を加え、そのまま30分ほど煮る。途中、水分が少なくなったら、随時水を足す。
6. ⑤にほうれん草と白いんげん豆を加え、さらに30分ほど煮る。
7. 野菜がくたくたになり、全体がとろりとした状態になったら、バジリコソースを加える。混ぜ合わせて、すぐに火を止める。
8. 器に盛り、パルメザンチーズを振って、オリーブオイル少々をかけて完成。

まるで野菜の協奏曲！豊かな香りにうっとり

タラのソテー バジリコソース

材料（2人分）
- タラの切り身…2枚
- 塩・コショウ…各少々
- 小麦粉…少々
- にんにく…1片
- バジリコソース…大さじ1
- オリーブオイル…適量
- バジリコの葉…適量

[つけ合わせ]
- じゃがいも…1個
- さやいんげん…4～5本
- バター…5g
- バジリコソース…大さじ1

作り方
1. じゃがいもは皮を剥き7～8mm太さの棒状に切る。さやいんげんは上下を切り落とす。鍋に湯を沸かして、じゃがいも、さやいんげんの順に入れて下ゆでする。
2. タラは塩、コショウをして、小麦粉を薄くまぶす。にんにくは叩いて潰し、半分に切って芯を取る。
3. フライパンにオリーブオイル（大さじ2）、にんにくを入れて弱火にかける。
4. にんにくの香りが立ってきたら、タラを入れてソテーする。途中、にんにくは焦げる前に取り出しておく。
5. ①がゆで上がったら、鍋に湯を少しだけ残すようにして湯を切り、バターを入れて再びに火にかける。バターと湯が溶け合ってきたところで、バジリコソース（大さじ1）を加え、さっとあえて火を止める。
6. 皿に④のソテーしたタラを盛り、オリーブオイル（小さじ1）を溶いたバジリコソース（大さじ1）を上からかける。その横に⑤を添え、鍋に残ったソースもかける。バジリコの葉を添えて完成。

ソースの軽やかな余韻が白身魚の淡白な旨みを底上げ

料理研究家・村田裕子さんに教わる
「男子の定番5大万能だれ」で作る
極旨おかず

万能だれは数あれど、ここでは身近な食材と組み合わせやすく、日常使いに便利なたれを紹介。これさえあれば冷蔵庫に残った食材も極上のおかずに生まれ変わります。

取材・文／濱田恵理　撮影／大井一範　スタイリスト／福泉響子

定番2
アンチョビツナマヨだれ
ツナとマヨネーズの黄金コンビに塩気と酸味を加えた大人の味

定番1
ピリ辛味噌だれ
パンチの効いたピリっと辛い味わいにご飯がススむ！

普段の食事が格段に充実する魔法のたれ

「たとえば、切ったトマトやゆでたじゃがいもにかける…、それだけでおかずが完成してしまうので、料理が苦手で調理に時間がかかる、忙しくて自炊する時間がないという人にこそ、万能だれを作ってほしいですね」

そう語るのは、本企画を監修していただいた料理研究家の村田裕子さん。

特に今回紹介するたれは、肉・魚・野菜・ご飯や麺など、幅広い食材と好相性。身近な食材にひと手間を加えるだけで、主食から主菜、副菜、汁ものなど、さまざまなアレンジメニューを作ることが可能。忙しくてじっくり料理をする時間がないというときでも簡単に極旨のおかずをもう一品作ることができるのだ。しかも…

「たれ自体にも食べごたえがあって、おかずにボリュームも出せるので、男性には特におすすめですよ」(村田さん)

味わいや食感、ボリューム、栄養、見た目…、さまざまな魅力を兼ね備えた男子のための定番万能だれ。ぜひ、あなたの冷蔵庫に常時ストックしてほしい。

定番3
昆布じょうゆだれ
和の基本・しょうゆをベースにした
使い勝手の良さが魅力

定番5
ねぎ塩だれ
ねぎが生み出すシャキシャキの
食感とほど良い辛味が絶妙

定番4
ミックス野菜のケチャップだれ
ケチャップの甘さと野菜のおいしさが
つまったクセになる一品

監修 村田裕子

料理研究家・管理栄養士。大学卒業後、出版社に就職。その後、フリーランスとなり、料理書の編集を手掛けながら、世界各国で料理の研鑽を積む。おいしさと健康を兼ね合わせた家庭料理に定評がある。メディアをはじめ、食品メーカーの商品開発にも携わるなど幅広く活躍。著書多数。
http://www.yukomurata.com/

定番だれ 1
ピリ辛味噌だれ

豆板醤やにんにく、しょうがなどを加え、ピリっと辛い味わいに仕上げた味噌だれ。そのパンチのある味は、ごはんがススむ絶品メニューに、はたまたお酒のおつまみ作りに大活躍！

材料（作りやすい分量、でき上がり約350g）
- 豆板醤…大さじ1½〜2
- 味噌…120g
- 酒…½カップ
- 砂糖…大さじ5
- ごま油…大さじ4
- おろしにんにく…小さじ2
- おろししょうが…大さじ1

作り方
① 材料をすべて混ぜ合わせる。

保存方法
清潔な保存瓶に入れて冷蔵庫で保存。賞味期間は冷蔵庫で約3週間。

味噌に酒を少量ずつ加えて、溶かしていく。こうすることで、ダマができず、なめらかな食感になる。

本場の味にも負けない深みのある辛さが魅力

こんな使い方におすすめ

汁もの	卵料理	大豆料理	温野菜	生野菜	麺	ご飯
坦々スープ スープ椀にピリ辛味噌、白練りごま、ザーサイを入れ、4〜5倍の熱湯を少量ずつ加えてよく混ぜる。	**ねぎのユッケ** 白髪ねぎの上に卵黄、ピリ辛味噌をのせる。ねぎがたっとしないように、卵黄を少量ずつくずし混ぜて食べる。	**変わり納豆** しょうゆの代わりにピリ辛味噌を納豆に加えて混ぜる。納豆のにおいも気にならず、ぐんと食べやすくなる。	**蒸しなす** なすはへたをとり、縦4等分に切って、ラップで包み、電子レンジでチンする。ピリ辛味噌だれをつけて食べる。	**ぱりぱりキャベツ** ピリ辛味噌だれを同量のレモン汁または酢でのばし、ざく切りキャベツ、白いりごまを加えてざっくりあえる。	**つけ麺** ピリ辛味噌だれを3〜4倍の熱湯でのばし、ゆでたての中華麺をつけながら食べる。あればメンマ、ゆで卵を添えても。	**焼きおにぎり** おにぎりの上面にピリ辛味噌だれを塗り、オーブントースターで焼く。焦がさないように注意すること。

72

濃厚なたれとジューシーな鶏がベストマッチ

鶏の一枚揚げ

材料（2人分）
鶏モモ肉…小2枚（400g）
ピリ辛味噌だれ…大さじ2
片栗粉・揚げ油…各適宜
レタス…2枚
香菜…適宜
酢味噌だれ（すべて混ぜる）
　ピリ辛味噌だれ…大さじ1
　酢…大さじ1

作り方
❶鶏肉は厚いところは観音開きにして、厚みを均等にし、筋を切る。ピリ辛味噌だれをまぶしてもみこみ、5～10分おく。レタスは芯をとり、幅1cmに切る。
❷鶏肉の両面に片栗粉をたっぷりとまぶす。
❸揚げ油を中温（170度）に熱し、鶏肉の皮面を下にして入れ、3～4分揚げる。皮面がきつね色になったら裏返す。裏面もきつね色になるまで3～4分揚げる。食べやすい大きさに切り分ける。
❹レタスをしいて、鶏肉をのせ、酢味噌だれをかけ、香菜を添える。

鶏肉にピリ辛味噌だれで下味をつけることで、水っぽくならず、冷めてもおいしい状態をキープ。

キンメダイのチゲ

材料（2人分）
キンメダイの切り身…2切れ（200g）
パプリカ（赤）…½個
しいたけ…4個
木綿豆腐…½丁
万能ねぎ…4本
ピリ辛味噌だれ…大さじ5
水…3カップ
塩・コショウ…各少々

作り方
❶キンメダイは一口大の削ぎ切りにする。
❷パプリカは幅5mmの棒切り、しいたけは石突きをとり半分に切り、木綿豆腐は4等分にする。万能ねぎは長さ5cmに切る。
❸鍋に水を入れて中火で熱し、沸騰したら①を加えて、ひと煮立ちさせたら、アクをとる。
❹②を加えて、ひと煮立ちしたらピリ辛味噌だれを加えて溶きのばし、塩・コショウで調味する。

材料がすべて煮えたところで、ピリ辛味噌だれを投入。最後に加えることで、たれの風味や香りが生きてくる。

キンメダイの旨みが染み出たピリ辛スープはやみつきに！

定番だれ 2

アンチョビツナマヨだれ

黄金コンビのツナ＆マヨネーズが進化した絶品 "大人の味"

男子が大好きなツナ×マヨネーズに塩加減が絶妙なアンチョビとアクセントのにんにく、さわやかな酸味のレモン汁を加え、ちょっぴり大人味に！ そのままでも、オーブン焼きなどにも使える逸品。

材料（作りやすい分量、でき上がり約350g）
- アンチョビ…1缶（40g）
- ツナ缶…小2缶（1缶80g入り）
- マヨネーズ…1カップ
- おろしにんにく…小さじ1
- レモン汁…大さじ2
- 塩・コショウ…各少々

作り方
1. アンチョビはみじん切りにする。ツナ缶は缶汁をよく切り、細かくほぐす。
2. 材料をすべて混ぜ合わせる。

保存方法
清潔な保存瓶に入れて冷蔵庫で保存。賞味期間は冷蔵庫で約2週間。

アンチョビは小骨があるので、包丁で細かく刻むように。このひと手間で、マヨネーズともよくなじみ、口当たりも良くなる。

こんな使い方におすすめ

ご飯	麺	生野菜	温野菜	大豆料理	卵料理	汁もの
ドリア グラタン皿にご飯、アンチョビツナマヨだれ、ピザ用チーズの順にのせ、オーブントースターでこんがりと焼く。	**マカロニサラダ** ゆでたマカロニにアンチョビツナマヨだれをあえるだけ。たれの旨みをシンプルに味わうひと皿。	**野菜のカルパッチョ** 薄切りのトマト、アボカドを交互に並べて、アンチョビツナマヨだれをかける。冷えたビールやワインのおつまみに◎。	**じゃがいものツナマヨソテー** 厚切りのじゃがいもをじっくりと焼いて、アンチョビツナマヨだれをかけらめる。シンプルながら個性的な味わい。	**豆腐ステーキ** 水切りした豆腐に小麦粉をまぶしてフライパンでこんがりと焼く。お皿に盛ってアンチョビツナマヨだれをかける。	**ゆで卵のツナマヨあえ** 粗めにフォークで潰したゆで卵とアンチョビツナマヨだれを和える。短時間で満足感のある一品に仕上がる。	**コーンスープ** アンチョビツナマヨだれを2～3倍の水でのばして、ホールコーンを加えて温める。朝ごはんにもぴったり。

ジャーマンポテト

ワインと相性バツグンの大人向けジャーマンポテト

材料（2人分）
- じゃがいも…2個
- アンチョビツナマヨだれ…1カップ
- 牛乳…½カップ
- ウィンナー…5本
- パン粉…大さじ1
- 粉チーズ…大さじ½
- バター…大さじ1
- 塩・コショウ……各少々
- パセリのみじん切り…適宜

作り方
1. じゃがいもは皮付きのままよく洗って、1個ずつラップで包み、電子レンジでやわらかくなるまで5〜6分加熱する。（竹串を刺してすっと通ればよい）
2. ウィンナーは厚さ5mmの斜め切りにする。
3. じゃがいもの皮をむき、細かく潰し、アンチョビツナマヨだれ、牛乳を加えて混ぜ合わせ、塩・コショウで調味する。A
4. 耐熱の器に③、ウィンナーを交互に並べ、パン粉、粉チーズを振り、ところどころに手でちぎったバターをのせる。
5. オーブントースターで焼き色がつくまで10〜12分加熱する。パセリを散らす。B

A たれと牛乳は、じゃがいもが温かいうちに加えるとよくからみやすい。

B こんがりと焼き目をつけるには、油分が必要。そのため、バターをのせること。

フライドフィッシュのサラダ仕立て

こってりとしたたれがサクサクフライにマッチ

材料（2人分）
- カジキの切り身…2切れ（200g）
- 塩・コショウ…各少々
- 小麦粉、溶き卵、パン粉…各適量
- アンチョビツナマヨだれ…大さじ4
- きゅうり…½本
- ミニトマト…10個
- 水菜…2茎

作り方
1. カジキは、幅1.5cmの棒切りにする。塩・コショウを振り、小麦粉、溶き卵、パン粉の順につける。
2. きゅうりは縦半分に切り、斜め薄切り、ミニトマトはへたをとって、半分に切る。水菜はざく切りにして、器に盛る。
3. 揚げ油を高めの中温に熱し、①を加え、きつね色に色づくまで2〜3分揚げる。
4. 野菜をのせた器に盛り、アンチョビツナマヨだれを添える。

カジキは均等の大きさに切ることで、熱の通りも均一になり、見た目にもキレイになる。

昆布じょうゆだれ

定番だれ 3

おなじみの調味料・しょうゆを使ったシンプルで使い勝手の良い万能だれは、昆布を入れることで、旨みも風味も豊かに！みりんが入っているので、ツヤや照りが生まれ、見た目のおいしさもアップ。

材料（作りやすい分量、でき上がり約500ml）
- 昆布…幅10cm×長さ20cm
- しょうゆ…1カップ
- 酒…1/2カップ
- みりん…1カップ
- 砂糖…大さじ4

作り方
1. 鍋に材料をすべて入れて中火で熱し、沸騰してから4～5分煮る。あら熱をとり、昆布を取り出し、長さ2～3cmに切ったうえで、細切りにし、たれに戻し入れる。

保存方法
清潔な保存瓶に入れて冷蔵庫で保存。賞味期間は冷蔵庫で約2週間。

だしをとった後の昆布は細切りにすることで、食感を楽しみつつ、一緒に食べることが可能に。

だし要らずで本格的な和食が作れる定番しょうゆだれ

こんな使い方におすすめ

汁もの	卵料理	大豆料理	温野菜	生野菜	麺	ご飯
梅のおすまし 梅干しは手でつぶしてお椀に入れ、昆布じょうゆだれを加えて、4～5倍の熱湯で薄めて完成。	**卵とじ** 昆布じょうゆだれを同量の水でのばし、溶き卵を加え、大きく2～3回混ぜる。とろ半熟に仕上げよう。	**焼き厚揚げ** フライパンで厚揚げの両面をカリカリに焼いて、昆布じょうゆだれをかければ、簡単おつまみのでき上がり。	**青菜のおひたし** 小松菜、ホウレン草などの青菜をゆでて水を切ったら、ざく切りにする。あとは昆布じょうゆだれを和えるだけ。	**和風サラダ** 昆布じょうゆだれ、酢、ごま油を同量ずつ混ぜてドレッシングを作る。水菜、レタスなどの生野菜によく合う。	**ぶっかけうどん** 熱湯でゆでうどんをさっとくぐらせ、水気を切って丼に。揚げ玉、青ねぎをのせて、昆布じょうゆだれをからめる。	**卵かけご飯** 卵に昆布じょうゆだれを入れて、溶きほぐす。温かいご飯にかけて、さっと混ぜ合わせ、熱々のうちにいただく。

きんぴらの牛肉巻き焼き

きんぴらのシャキシャキ感と
たれの香ばしさが好相性

材料（2人分）
牛肉（すき焼き用薄切り）…大5枚（300g）
きんぴら
　にんじん…½本
　ごぼう…½本
　昆布じょうゆだれ…大さじ2
　サラダ油…大さじ½
小麦粉・七味唐辛子
　…各適宜
昆布じょうゆだれ…大さじ3
サラダ油…大さじ½

作り方
❶にんじん、ごぼうは長さ5cmに切って千切りにする。ごぼうは水に5分さらす。
❷フライパンにサラダ油（大さじ½）を入れて中火で熱し、にんじん、ごぼうを加えて軽く炒める。昆布じょうゆだれを加え、水分がほとんどなくなるまで2〜3分煮詰める。　A
❸牛肉を1枚ずつ広げて、小麦粉を全体に振る。②を5等分にして手前にのせて、きつく巻きあげ、まわりに小麦粉をまぶす。
❹フライパンにサラダ油（大さじ½）を入れて中火で熱し、③の巻き終わりを下にして並べる。焼き色がついたら箸で転がしながら3〜4分焼いて全体に焼き色をつける。
❺昆布じょうゆだれを加え、転がしながら3〜4分加熱し、ほとんど汁気がなくなるまで煮詰めて全体にからめる。　B
❻切り分けて器に盛り、たれをかけて、七味唐辛子を振る。

A　きんぴらにも万能だれでしっかり味つけをすることで、冷めてもおいしく。

B　たれを煮つめながら炒めることで、香ばしさと照り、ツヤが生まれる。

ブリ大根

たれが染みた大根とふっくらやわらかなブリが絶品！

材料（2人分）
ブリ（切り身）…2切れ（200g）
塩…小さじ½
大根…10cm
水…2カップ
昆布じょうゆだれ…½カップ
しょうが汁…大さじ½
ゆずの皮の千切り…適宜

作り方
❶ブリは3等分のそぎ切りにして、塩を両面にふり、約10分おき、ペーパータオルなどで水気をふきとる。
❷大根は皮を厚めにむいて、縦4等分にして、一口大の乱切りにする。
❸鍋に大根、水を入れて中火で熱し、ふたをして、大根がやわらかくなるまで10〜12分煮る。
❹ブリ、昆布じょうゆだれを加えて、ときどき煮汁をかけながら、5〜6分煮る。火を止めてしょうが汁を加える。
❺器に盛り、ゆずの皮の千切りを天盛りにする。

昆布としょうゆの風味と香りを活かすため、万能だれは大根が煮えたあとに投入。ブリもあとから入れることで、身がふっくら仕上がる。

定番だれ 4

ミックス野菜のケチャップだれ

手軽な調味料・ケチャップで、手間暇かけて作るトマトソースにも劣らない深みのあるたれが完成！玉ねぎやセロリなど、たっぷりの野菜を入れることで、食べたえも甘みも生まれる。

ちょっぴり甘い味わいは懐かしくあと引く旨さ

材料（作りやすい分量、でき上がり約400g）
- 玉ねぎ…½個
- セロリ…½本
- にんじん…½本
- にんにく…2片
- オリーブオイル…大さじ3
- 固形スープの素…1個
- トマトケチャップ…½カップ
- 水…½カップ
- 塩…小さじ½
- コショウ…少々

作り方
1. 玉ねぎ、セロリ、にんじん、にんにくはみじん切りにする。
2. 鍋にオリーブオイルを入れて中火で熱し、①を加えてしんなりするまで4〜5分炒める。ふたをして弱火にし、10〜15分ほど蒸し炒めにする。
3. 固形スープの素、ケチャップ、水を加えて、ひと煮立ちさせ、塩・コショウで調味する。

保存方法
清潔な保存瓶に入れて冷蔵庫で保存。賞味期間は冷蔵庫で約2週間。

野菜の甘みを引き出すため、焦がさないように中火でじっくり炒めて。さらにふたをして蒸らし炒めにすれば、全体に香りが広がる。

こんな使い方におすすめ

汁もの　ミネストローネ
ミックス野菜のケチャップだれを2〜3倍の水でのばして温める。粉チーズを振るよりマイルドな味わいを楽しめる。

卵料理　オムレツ
オムレツの上にミックス野菜のケチャップだれをかける。たれの酸味でふわふわオムレツも新鮮な味わいに。

大豆料理　ポークビーンズ
豚こま切れ肉、ベーコン、ゆで大豆を炒めてミックス野菜のケチャップだれをからめる。ご飯にもパンにもよく合う。

温野菜　かぼちゃのケチャップだれ
かぼちゃにミックス野菜のケチャップだれをかけて電子レンジで加熱する。ほっくりしたかぼちゃの甘みと相性抜群！

生野菜　スティック野菜のディップ
きゅうり、にんじん、セロリ、大根などを棒状に切って、ミックス野菜のケチャップだれをからめて食べる。

麺　トマト・スパゲッティ
ゆでたてのスパゲッティに温めたミックス野菜のケチャップだれをからめる。あればなすやベーコンを加えても。

ご飯　チキンライス
鶏肉を炒めてから、ミックス野菜のケチャップだれ、温かいご飯を加える。仕上げにバターをからめて風味をアップ。

洋食屋で食べる何時間も
煮込んだような深い味!

ミートボールシチュー

材料（2人分）

肉だね
- 合いびき肉…50g
- パン粉…大さじ4
- 牛乳…大さじ2
- 塩…小さじ¼
- コショウ…少々

塩・コショウ…各少々

煮汁
- ミックス野菜のケチャップだれ…1カップ
- 水…1カップ

エリンギ…2本
ブロッコリー…¼個

作り方

① ボウルに肉だねの材料をすべて入れて、粘り気が出るまで混ぜ合わせ、10等分にして、丸くまとめる。
② エリンギは長さを半分に切り、縦4等分に切る。ブロッコリーは小房に分けて、塩ゆでする。
③ 鍋に煮汁の材料を入れて中火で熱し、沸騰したらミートボールを加える。ときどき転がしながら、ふたをして弱火で10～12分煮る。ふたをとり、エリンギを加えて2～3分煮て、塩・コショウで調味する。
④ 器に盛り、ブロッコリーを添える。

ミックス野菜のケチャップだれは、シチューのルウの代わりとして、水でのばして使う。ミートボールはくっつかないよう、間隔を空けて投入する。

サケのムニエル ラタトゥイユ風ソース

材料（2人分）

サケの切り身…2切れ
バター…大さじ1
塩・コショウ…各少々
小麦粉、クレソン…各適量

ラタトゥイユソース
- なす…2本
- オリーブオイル…大さじ2
- ミックス野菜のケチャップだれ…¾カップ
- 水…½カップ
- 塩・コショウ…各少々

作り方

① サケは塩・コショウを振り、小麦粉を薄くまぶす。なすはへたを切り落として縦4等分に切って、さらに幅1.5cmに切り、水に5分さらす。
② フライパンにバターを入れて中火で熱し、サケを並べる。2～3分焼いて焼き色がついたら裏返し、裏面も2～3分焼く。サケは器に取り出す。
③ フライパンをきれいにしてオリーブオイルを入れて中火で熱し、水気を切ったなすを加えて2～3分焼き色がつくまで炒める。ミックス野菜のケチャップだれ、水を加えて、なすにからめ、ひと煮立ちさせ、塩・コショウで調味する。
④ 器に盛ったサケの上に③のソースをかけ、クレソンを添える。

野菜のゴロゴロ感と鮮やかな見た目が魅力!

ミックス野菜のケチャップだれは焦げやすいので、なすが炒まってから入れるのがポイント。

定番だれ 5

ねぎ塩だれ

シャキシャキとした食感とほど良い辛みがたまらない、ねぎをふんだんに入れたパンチのあるたれ。ごま油でコクと香りをプラスし、コショウでピリリと味を引き締め、絶妙な味を実現！

材料（作りやすい分量、できあがり約200g）
- ねぎ…1本
- 塩…小さじ1
- ごま油…½カップ
- コショウ…小さじ1

作り方
① ねぎをみじん切りにして、材料を混ぜ合わせる。

保存方法
清潔な保存瓶に入れて冷蔵庫で保存。
賞味期間は冷蔵庫で約2週間。

ねぎをより細かく切るためには、縦に5〜6カ所包丁を入れてから、刻むこと。コレで面倒なみじん切りが簡単にできる。

ねぎの辛みとごま油のコクはアツアツご飯とも相性抜群

こんな使い方におすすめ

ご飯 / チャーハン
フライパンにねぎ塩だれ、温かいご飯を入れてほぐしながら炒める。チャーシューやハムを加えれば本格的な味わいに。

麺 / ねぎ塩焼きそば
フライパンにねぎ塩だれ、中華蒸し麺を入れてほぐしながらサッと炒める。エビやチンゲンサイを入れればボリュームもアップ。

生野菜 / たたききゅうり
きゅうりは包丁などでたたいてひと口大にし、ねぎ塩だれをからめる。断面が多いので、たれがからみやすい。

温野菜 / にらもやし炒め
フライパンにねぎ塩だれを入れて、にら、もやしを加えてサッと炒める。強火でシャキッと仕上げるのがポイント。

大豆料理 / ねぎ塩奴
豆腐の上にねぎ塩だれをかけるだけの超簡単レシピ。冬場なら温奴にして食べるのもおすすめ。

卵料理 / 卵炒め
フライパンにねぎ塩だれを入れて、溶き卵を加えて大きくあおりながら炒める。トマトやきくらげとの相性もよい。

汁もの / わかめスープ
スープ椀にねぎ塩だれ、カットわかめ、鶏ガラスープの素、白いりごまを入れて、4〜5倍の熱湯で薄める。

豚の青じそロール

やわらかな豚肉とさわやかに香るねぎと青じそがポイント

材料（2人分）
豚バラ薄切り肉…300g
青じそ…16枚
ねぎ塩だれ…大さじ6
レモンのくし切り…2個
小麦粉…適宜

作り方
❶豚肉は少しずつ重ねながら、幅20cm×長さ40cmくらいになるように縦に並べる。手前半分にねぎ塩だれ（大さじ4）を塗り、全体に小麦粉をうすく振る。青じそを全体に広げてのせて、きつく巻きあげる。
❷フライパンに油をしかずに、❶の巻き終わりを下にしてのせて、中火で熱する。焼き色がついたら、ときどき転がしながら全体に焼き色がついて、脂がにじみ出すまで3〜4分焼く。
❸全体に焼き色がついたらふたをして、4〜5分蒸し焼きにして中まで火を通す。
❹食べやすい大きさに切り分けて器に盛り、レモンを添え、ねぎ塩だれ（大さじ2）をかける。

豚肉を巻く際も、ねぎ塩だれをのせることで、味つけだけでなく食感も演出。

海鮮と長いものねぎ塩炒め蒸し

淡白な魚介と長いものパンチのあるおかずに！

材料（2人分）
イカの胴…1ぱい分
アサリ（殻つき、砂出ししたもの）…200g
長いも…10cm
酒…大さじ1
ねぎ塩だれ…大さじ4

作り方
❶イカの胴は幅1cmの輪切りにする。アサリは殻をこすりあわせてよく洗う。長いもは皮をむき、縦半分に切り、厚さ1cmに切る。
❷フライパンにねぎ塩だれを入れて中火で熱し、イカ、アサリ、長いもを加えて全体に油が回る程度に軽く炒める。酒を振り、ふたをしてときどきフライパンをゆすりながら、アサリの殻があくまで3〜4分加熱する。さっくりとあえて、器に盛る。

ねぎ塩だれはごま油が入っているので、炒め油としても活躍。フライパンを閉めて蒸すことで、ねぎの香りもぐんと引き立ってくる。

副菜だれ6種

所然ラクになる。そのたれが"絶品"ともなれば、ありきたりの副菜が激ウマにバ
パートリーも増える。まさにいいこと尽くめだ。

取材・文／村越克子　撮影／大井一範

しょうが風味の甘酢だれ
酢の物だれ

甘じょっぱい味で男子ウケ満点
煮っころがしのたれ

昆布とカツオのだしの旨みが凝縮
ひじき煮のたれ

**ひじき煮、酢の物、煮っころがし…
定番の副菜がササッと作れる!**

週末作り置き

週末にちょっと頑張って、たれを作りおきしておけば、忙しい週中の夕飯作りが
ージョンアップすること間違いなし。さらに、作り置きだれの使い回しで、副菜の

野菜の和え物、漬け物に
ぬたのたれ

今夜はイタリアン気分というときに
ペペロンチーノだれ

3分でナムルができる!
ナムルだれ

コツを伝授！

な瓶かというと…

ふた　内側をチェックして

OK
アルミやスチールなど金属製のふたの場合は、内側がコーティングされているもの。プラスチック製のふたもOK。

NG
金属製で内側がコーティングされていないもの。酢や塩の作用で錆びるので使えない。

どうしても使いたい場合は…
保存期間の短いたれに限り、ふたと瓶の間にラップを1枚はさめばOK。そして、できるだけ早めに使い切る。

定番副菜だれ

週末作り置きの掟

定番副菜だれって何？
何でも「キマる」お助け調味料です

1　味つけがキマる 
プロが伝授する黄金比で調味料が配合されているので、味つけに失敗がない。

2　時間がキマる 
たれをかけて混ぜる、以上で完成。毎回、調味料を計量する手間がないので時短効果大。

3　食事がキマる 
あと一品おかずがほしい！というとき、手間なしで作れるので食卓が賑わう。

4　栄養がキマる 
和えてもよし、漬けてもよし、煮込んでもよしと、野菜がもりもり食べられる。

週末作り置きだれは平日の料理を変える！

作り置きだれの優秀さを上げたらキリがない。まずは何といっても、たれを加えるだけのワンアクションで味つけが終了するので、調理が断然ラクになる。手早く一品作れるので、「今日は残業で遅くなったし、疲れたし」というとき、外食やコンビニ弁当の誘惑を断ち切れる。また、作るたびにしょっぱかったり、甘ずぎたりといった失敗がなく、毎回、同じ味つけができるのも利点だ。

たれの使い回し方次第で、レシピが広がる点も見逃せない。生野菜にかければサラダに、ゆでた野菜に混ぜれば和え物に。そのほか炒め物やら煮物やら、ひとつのた

教えてくれる人
石澤清美先生

週末作り置きをススメます！

料理研究家。主菜はもちろん、副菜、常備菜、たれのレシピには定評がある。和洋中だけではなく、エスニック料理もこなす。『保存版たれソースドレッシング』（主婦の友社）、『野菜をたっぷりびんづめに。』（青春出版社）など著書多数。

84

瓶の下準備の仕方

雑菌を防ぐために

1 洗剤で洗う
洗いながらひびや欠け、割れがないかをチェックし、流水でよくすすぐ。

2 乾かす
キレイに見えてても布きんには雑菌がついている。ペーパータオルの上に伏せて乾かす。

3 ペーパータオルで拭く
布巾ではなく、ペーパータオルで拭く。

4 アルコールを垂らす
35度以上のホワイトリカー、焼酎などを少量入れ、瓶の内側全体に回す。

容器選びの

おすすめは瓶保存。

サイズ 小は大を兼ねる

適当な大きさの瓶がないときは、大きな瓶より、小さめの瓶に分けて保存する。空気に触れる面積が小さいほど傷みにくい。

形 入れるものに合わせよう

広口瓶 　　細口瓶

分解できる瓶

とろみのあるたれや、使用する前に混ぜる必要があるものは、スプーンが入る広口瓶。液状のものは細口瓶。

作った後に気をつけて

液だれしたらペーパータオルで
瓶の口やふたについたたれを拭き取るときは、布きんではなくペーパータオルで。

濡れた箸やスプーンは厳禁
雑菌の繁殖の原因になるので、濡れていたり、ほかの食材を触った箸やスプーンは使用しない。

保存は冷蔵庫の手前に
せっかく作り置きしても、使い切らなくては元も子もない。目につく所に置き、使い忘れを防止。

れから副菜が次々に誕生する。あと一品ほしい！というとき、作りおきの副菜だればど頼もしいものはない。朝の弁当作りも、このたれさえあれば1〜2品、パパッと作れて重宝だ。また、今回は"副菜だれ"のレシピを紹介したが、肉や魚にも使えば、堂々の主菜だれに格上げする。

作り置きする際の注意点は、賞味期間内に食べ切れる量を作ること。何度も作るのが面倒だからと、一度に大量に作っても、食べ切れず味が落ちたら元も子もない。空気に触れることが、傷みの一番の原因なので、ふたがぴっちり閉まる容器に保存することがマストだ。

ひじき煮のたれ

材料
(作りやすい分量、でき上がり約800ml)
- A ┌ 昆布 ……………… 1枚
  └ 水 ……………… 2½カップ
- B ┌ 酒 ……………… 1カップ
  └ みりん ……… ⅓カップ
- 削り節 ……………… 30g
- 薄口しょうゆ ……… 大さじ3½
- 塩 ……………… 小さじ⅔

作り方
❶ Aの昆布は分量の水に浸して30分おき、昆布を引き上げる。
❷ Bを鍋に入れて火にかけ、2分ほど煮たて続けて、1割ほど煮詰める。①の漬け水を加え、煮立ったら削り節を加えて弱火で5分煮詰める。
❸ ②をざるでギュッと漉し、薄口しょうゆと塩を加えて混ぜる。清潔な保存瓶に入れ、昆布を戻し入れる。昆布は入れたままでは痛みやすいので、2日漬けたら取り出す。

保存方法
冷蔵庫で保存。賞味期間は冷蔵庫で約14日間。

ひじき煮のたれで作る
ひじき煮

材料 (2人分)
- ひじき ……………… 30g
- 油揚げ ……………… 1枚
- にんじん …………… ⅓本
- 油 …………………… 大さじ½
- ひじき煮のたれ … カップ⅔
- 水 …………………… ⅓カップ

作り方
❶ ひじきはたっぷりの水で戻し、長ければ刻む。
❷ 油揚げは熱湯を回しかけて油抜きし、細切りにする。にんじんは細切りにする。
❸ 鍋を熱して油を馴染ませ、水気を切ったひじきを入れて全体がつやややかになるまで炒める。ひじき煮のたれ⅔カップと水⅓カップを注ぐ。
❹ ③が煮立ったら油揚げ、にんじんを加え、汁気がほとんどなくなるまで炒り煮にする。

昆布とかつおのだしの旨みが際立つ
ひじき煮のたれ

和食の二大だしを使った贅沢なたれ

味つけの基本は塩と薄口しょうゆ。だしの旨みが効き、味もしっかりついているが、色を淡色に仕上げた関西風のたれだ。砂糖は、あえて入れない。砂糖の甘みは、味覚に旨みを感じさせる要素のひとつだが、このたれにはカツオと昆布の旨み、さらにみりんの旨みが加わっているので、砂糖を加えなくても旨みは充分。ひじき煮を作ると、甘ったるくなく、だしの風味が口の中に広がる大人向きの味つけに。ごはんのおかずにはもちろん、酒肴にも最適なひじき煮が作れる。

淡色のたれなので、里芋や大根など淡色系の野菜煮物が美しく仕上がることも特長だ。

だし汁要らずでサッと作れる

ひじき煮のたれで作る
だし巻き卵

材料（2人分）
- 卵……………………3個
- ひじき煮のたれ…大さじ3
- 大根おろし…………少々

作り方
① 卵はほぐしてたれを加える。
② 卵焼き器を熱して油を馴染ませ、①を¼量流し、火が通ったら向こうから手前へくるくると巻き、向こう側へおく。
③ 再び卵液を流し、②を少し持ち上げて下にも流しいれる。火が通ったら、巻いたものを芯にして手前にくるくると巻く。同様にして残りの液をすべて流して焼き上げる。
④ ③を食べやすい大きさに切り、大根おろしを添える。大根おろしには好みでしょうゆをたらす。

だしの風味が効いたあっさり味

ひじき煮のたれで作る
ニラ豆腐

材料（2人分）
- ニラ……………½把（50g）
- 卵………………………1個
- ひじき煮のたれ…½カップ
- 水………………………½カップ
- 木綿豆腐……½丁（150g）

作り方
① ニラはざく切りにし、卵はほぐす。
② 浅鍋か小さめのフライパンにひじき煮のたれと水を入れて火にかける。煮立ったら豆腐を一口大にちぎって加える。
③ 再び煮立ったらニラを散らし、卵を中心からまわりに回しいれ、蓋をして火を止め、3分蒸らす。

自家製なめたけが3分で完成！

ひじき煮のたれで作る
なめたけえのき

材料（2人分）
- えのき…大1袋（正味150g）
- ひじき煮のたれ…大さじ5

作り方
① えのきは石づきを切り落として粗くほぐし、耐熱皿に広げる。
② ①にひじき煮のたれを回しかけ、ラップをし、電子レンジ（500W）で3分加熱する。全体をざっくりと混ぜ、冷めるまで味をなじませる。

煮っころがしのたれ

煮物や照り焼きに最適な甘辛だれ

材料
（作りやすい分量、でき上がり約450㎖）
- A
  - 昆布……………3×4cm１枚
  - 酒………………¼カップ
  - みりん…………１カップ
- B
  - しょうゆ………¼カップ
  - 薄口しょうゆ…¾カップ
  - 砂糖……………大さじ３

作り方
❶ 鍋にAを入れて30分おく。
❷ ①を弱火にかけ、煮立ったら昆布を取り出し、中火にして１分煮立てる。
❸ ②にBを加えて火を止め、砂糖を溶かす。

保存方法
清潔な保存瓶に入れて冷蔵庫保存。賞味期間は冷蔵庫で約３週間。

煮っころがしのたれで作る

じゃが玉煮

材料（２人分）
- じゃがいも……２〜３個（300g）
- 玉ねぎ……………………小さめ１個
- 水…………………………¾カップ
- 煮っころがしのたれ…50〜60㎖

作り方
❶ じゃがいもは一口大に切って水に１分ほど放ち、表面のでんぷんを流す。玉ねぎはくし型に切る。
❷ 小さめの鍋に水とじゃがいもを入れて火にかけ、煮立ったら中火で２分煮てから、煮ころがしのたれを加える。
❸ 再び煮立ったら玉ねぎを加える。
❹ ときどき鍋の底から大きく返し、じゃがいもが柔らかくなり、汁気がほとんどなくなるまで６〜７分煮る。

ご飯をガッツリ食べたい心をとりこにするたれ

甘さとしょっぱさの加減が絶妙で、ちょっとした料理屋の味つけに負けない煮っころがしが作れる。砂糖とみりんが入っているので照りも申し分ない。

煮っころがしの食材といえば、いも類や根菜類が一般的だが、野菜を調味料で味つけしただけでは、コクがもの足りない。その点、このたれは、昆布だしがベースになっているので、旨みがプラスされ、味に奥行きが出る。そうかといって、たれの味が立ちすぎることはなく、野菜本来の持ち味を引き出す。もちろん、主菜の味の邪魔もしない。主菜を引き立たせる副菜が作れる副菜だれのお手本だ。

唐辛子を足すだけで味つけ終了！

煮っころがしのたれで作る

ごぼうのきんぴら

材料（2人分）
ごぼう……………… 1本（200g）
輪切り赤唐辛子………… 4〜5片
油……………………… 大さじ1
煮っころがしのたれ…大さじ4〜5

作り方
❶ ボウルに水をはり、ごぼうをささがきに切りながら入れる。すべてきり終わったらすぐざるにあげる。
❷ 鍋に唐辛子と油を熱し、ごぼうを2分炒める。つやつやと全体に油がまわったら煮ころがしのたれを回しいれ、汁気がなくなるまでじっくりいり煮にする。

ごま和えもこれだけで味がキマる

煮っころがしのたれで作る

ほうれん草のごま和え

材料（2人分）
ほうれん草……… ⅔束（200g）
黒いりごま………… 大さじ1
煮っころがしのたれ…大さじ1

作り方
❶ ほうれん草は塩（分量外）を加えた熱湯でゆで、しんなりしたら水にとり、手早く冷ましてギュッと絞る。食べやすい長さに切り、再びギュッと絞る。
❷ ごまはすり鉢で香りよくすり、煮ころがしのたれと混ぜる。
❸ ①を②に加え、まんべんなくあえる。

甘辛だれとバターのたまらない香ばしさ

煮っころがしのたれで作る

大根のバターソテー

材料（2人分）
大根……………… ¼本（250g）
にんにく………………… 1片
バター………………… 10g
煮っころがしのたれ…大さじ2
コショウ……………… 適量

作り方
❶ 大根は1cm厚さの輪切りにし、片面に格子の切り目を入れる。にんにくは半分に切ってつぶす。
❷ フライパンを熱してバターを溶かし、①を入れて、じっくりと焼き付ける。
❸ ②の大根に透明感が出て、ところどころ焼き色がついたら煮ころがしのたれを回し入れ、フライパンをゆすって煮詰めながらからめる。好みでコショウをふる。

酢の物だれ

和洋中の酢の物に使い回せる

材料
（作りやすい分量、でき上がり約450ml）
- A ┌ 昆布 3×4cm …… 1枚
-   ├ 酒 ………… ½カップ
-   └ 水 ………… ¼カップ
- しょうが ………… 1片
- B ┌ 酢 ………… ¾カップ
-   ├ 砂糖 ……… 大さじ6½
-   └ 塩 ………… 小さじ1⅔

作り方
1. 小鍋にAを入れて30分おく。
2. しょうがはみじんぎりにする。
3. ①から昆布を取り出して火にかけ、2分ほど煮立ててアルコール分を飛ばす。②とBを加えて火を止め、砂糖を溶かす。
4. 清潔な瓶に詰め、昆布を戻し入れる。

保存方法
冷蔵庫で保存。賞味期間は冷蔵庫で約3週間。

酢の物だれで作る

きゅうりとちくわの酢の物

材料（2人分）
- 塩 ………… 小さじ2
- 水 ………… 2カップ
- きゅうり …… 2本（200g）
- ちくわ ……… 2本（60g）
- 酢のものだれ …⅓カップ

作り方
1. ボウルに塩と水を入れて塩水を作る。
2. きゅうりはしま目に皮をむき、縦半分に切り、切り目を入れながら斜め切りにする。
3. ①に②を入れて15分置き、しんなりしたらギュッと絞る。
4. ちくわは斜め切りにし、③と混ぜ、酢の物だれをかける。

昆布だしのコクとしょうがの風味が絶妙

酢、砂糖、塩を合わせた一般的な酢の物のたれよりも、昆布でだしをとっているのでコクがあり、しょうがの辛さと風味が効いているのが特長。しょうがの甘酢漬けがあるように、しょうがと甘酢の相性は鉄板だ。

しょうがを加える利点は風味だけではない。具材が持つ臭みやクセを和らげる働きがある。きゅうりの酢の物は、きゅうり独特の青臭さが気にならず、いくらでも食べられる。

また、加熱して使うと、酸味がまろやかになる。できたてを食べるよりも、少し冷めてからの方が甘酢の甘さがじんわりと立ち美味。

和風だれが中華風の副菜に

酢の物だれで作る
ラーパーツァイ

材料（2人分）
- 白菜 … 3〜5枚(300g)
- ごま油 ……… 大さじ1
- 唐辛子 ………… 1本
- 干しえび …… 小さじ½
- 酢の物だれ … ¾カップ

作り方
1. 白菜は繊維に添って細切りにする。
2. 鍋にごま油を熱して唐辛子、干しえびを炒め、香りが立ったら①を加えてざっと炒める。
3. ②に油が回ったら酢の物だれを回しかけ、白菜がしんなりするまで2分ほど煮て、冷ます。

酸味の効いた濃厚マリネ

酢の物だれで作る
なすとにんにくのカポナータ風

材料（2人分）
- なす ……………… 3本
- にんにく ………… 1片
- 酢の物だれ ……… 1カップ
- オリーブ油、コショウ…各適量

作り方
1. なすは乱切りにし、にんにくはつぶす。
2. 鍋に酢の物だれを煮立て、①を加える。ふつふつと煮立つ火加減を保ち、大きく混ぜながら煮汁が煮詰まり、ねっとりしたとろみがつくまで煮詰める。
3. オリーブ油とコショウを回しかける。冷蔵庫で冷やすと美味。

まとめて作って常備菜に

酢の物だれで作る
中華風ピクルス

材料（2人分）
- 大根 …… 5cm(150g)
- セロリ …… 1本(80g)
- にんじん … ½本(80g)
- ザーサイ ………… 30g
- ごま油 ……… 大さじ1
- 酢の物だれ … ½カップ

作り方
1. 大根、セロリ、にんじんはすべて7mm角の棒状に切る。
2. 鍋にごま油を熱して①とザーサイを炒め、油が回ったら酢の物だれを注ぎ、火を止める。
3. ①の野菜を②に漬ける。冷めて味が馴染むと食べごろ。冷蔵庫で4〜5日保存も可。

ナムルだれ

たちまち韓国風になる"魔法のたれ"

材料
（作りやすい分量、でき上がり約250ml）
ごま油 …………… ½カップ
砂糖 ……………… 大さじ4
薄口しょうゆ、酢 …各大さじ2
塩 ………………… 大さじ1
すりゴマ ……… 大さじ3（15g）
おろしにんにく、
おろししょうが ……… 各10g

作り方
材料をすべてなめらかに混ぜる。

保存方法
清潔な保存容器に詰め、冷暗所または冷蔵庫で保存。賞味期間は約1ヵ月。

野菜に和えるだけで即、ナムルが完成

本来、ナムルとは、使用する野菜によって、加える調味料の種類や配分を変えて作るもの。それをどんな野菜にも応用できるようにアレンジしたのがこのたれだ。一般に、たれを万能にする方法は2つある。ひとつは、どんな食材とも調和するシンプルな味つけにする方法。もうひとつはその反対に、たれ自体に特徴を持たせる方法。このたれは後者だ。

ごま油、ごま、しょうが、にんにくが入っているので、韓国風味満点のしっかりした味が特徴。淡白な野菜からちょっとクセのあるものまで、このたれと和えれば、見事なナムルに仕上がる。

ナムルだれで作る
もやしのナムル

材料（2人分）
大豆もやし …… 1袋（250g）
豆苗 ……… ½パック（50g）
ナムルだれ …大さじ3〜4

作り方
❶ 水を入れたボウルにもやしを浸し、もやしの臭みを取る。10分経ったら、いったんざるに取る。
❷ ①をボウルに入れ、かぶるほどの熱湯をたっぷり注ぎ、そのまま5分置いて、ざるに取る。
❸ 豆苗はざるに広げ、熱湯を回しかける。
❹ ①、②を混ぜ、温かいうちにナムルだれであえる。

生で食べられる野菜なら何でもOK

ナムルだれで作る
チンゲン菜の即席韓国漬け

材料（2人分）
チンゲン菜…2株(200g)
ナムルだれ…大さじ1½

作り方
❶ チンゲン菜は洗って食べやすい大きさのざく切りにし、保存袋に入れる。
❷ ①にナムルだれを加えて、袋の上から軽くもんで全体に行き渡らせ、空気を抜くようにして口を閉じる。30分後から食べごろ。冷蔵庫で保存すれば、そのまま2～3日保存可。

ドレッシングとしても秀逸な味

ナムルだれで作る
韓国風冷やしトマト

材料（2人分）
トマト…………2個
細ねぎ…………4本
ナムルだれ…大さじ1

作り方
❶ トマトはへたをくりぬいて湯むきする。
❷ 細ねぎは小口切りにする。
❸ ①を食べやすい大きさに切り、ナムルだれをかける。②をたっぷり散らす。

炒め油としても使い回せるのがスゴイところ

ナムルだれで作る
キャベツの香味炒め

材料（2人分）
キャベツ…3～4枚(150g)
赤ピーマン……………1個
ナムルだれ………大さじ2

作り方
❶ キャベツはざく切りにし、ピーマンは細切りにする。
❷ 耐熱ボウルに①をいれ、ナムルのたれを回しかける。
❸ ②にラップをかけ、電子レンジ（500W）で2分加熱し、取り出して大きく混ぜる。

ペペロンチーノだれ

イタリアンなピリ辛だれ

材料
(作りやすい分量
でき上がり約250ml)
にんにく………… 2〜3片
赤唐辛子………… 3〜5本
サラダ油………… ¼カップ
粒コショウ…小さじ½(約10粒)
オリーブ油……… ¾カップ
塩………………… 小さじ1⅔

作り方
① にんにくは2〜3mm角に切る。赤唐辛子はへたを切り落として種を除き、はさみで小口切りにして2g用意する。
② 小さなフライパンか鍋に①のにんにくとサラダ油を入れて、弱火でゆっくりと熱し、にんにくがキツネ色になるまで揚げる。
③ 金属製のボウルに赤唐辛子とコショウを入れ、熱々の②を注ぎ入れ、ざっくりと混ぜる。
④ ③が冷めたらオリーブ油と塩を加えてよく混ぜる。

保存方法
冷暗所で保存。冷蔵庫でも可。賞味期間は約1ヵ月。

ペペロンチーノだれで作る
ブロッコリーのペペロンチーノ

材料(2人分)
ブロッコリー……… 1株(250g)
白ワインまたは水…大さじ2〜3
ペペロンチーノのたれ…大さじ2

作り方
① ブロッコリーは小房に切り分ける。芯は皮を厚めにむき、食べやすい大きさに切る。
② ①をフライパンに入れ、白ワインをふりかけて火をつける。
③ じりじり煮立ったら蓋をし、弱火で2分ほど蒸し煮にする。
④ 底から大きく混ぜて、ペペロンチーノのたれを全体に回しかけ、中火にして、フライパンを数回ふり、全体をからませる。

あっという間にペペロンチーノが作れるすぐれもの

にんにく、オリーブオイル、とうがらし……3種の味わいが調合されたこのたれは、ピリ辛味のイタリアンおかずが、手軽に作れる重宝なたれだ。常備しておけば、野菜とサッと炒めるだけで満足度の高い一皿ができ上がる。

普通、ペペロンチーノを作るときは、そのつど唐辛子を加える。同じ分量を入れても、唐辛子自体の辛さに違いがあり失敗も多い。その点、作り置きだれなら辛さは一定。入れる量によって辛さの調節ができる。

上澄み部分をピザやブルスケッタにかけて、チリオイル代わりにしてもおいしい。

マヨネーズ要らずの
マカロニサラダ

🌶 ペペロンチーノだれで作る

ピリ辛マカロニサラダ

材料（2人分）
ショートパスタ……………100g
ペペロンチーノのたれ………大さじ3
ツナ缶…………………………小½缶
ベビーリーフなど好みの葉野菜…適量

作り方
❶ パスタは塩を加えた熱湯で表示された時間通りにゆで、ざるにあげる。
❷ ①にペペロンチーノのたれを回しかけてあえ、冷めるのを待つ。
❸ ②にツナ、ベビーリーフを加え、ざっくり混ぜる。

トマトの甘みを引き立てる
オイルの香りとコク

🌶 ペペロンチーノだれで作る

プチトマトとベーコンの
ペペロンチーノ炒め

材料（2人分）
プチトマト……………………12粒
ベーコン………………………2枚
ペペロンチーノのたれ…大さじ1

作り方
❶ プチトマトはへたをとる。ベーコンは1cm幅に切る。
❷ フライパンにベーコンを広げ、弱火でベーコンの油が滲むまで炒める。
❸ ②にプチトマトを加え、ペペロンチーノのたれで調味し、大きく混ぜながら、プチトマトがはぜるまで炒める。

玉ねぎの甘みと歯ごたえが
楽しめる一皿

🌶 ペペロンチーノだれで作る

玉ねぎのチーズ焼きの
ペペロンチーノソースかけ

材料（2人分）
玉ねぎ…………………………1個
ピザチーズ（細切りタイプ）…40g
ペペロンチーノのたれ…大さじ1

作り方
❶ 玉ねぎは横に4等分の輪切りにする。
❷ フライパンの4ヶ所にチーズを広げ、火にかける。ジリジリと溶け、油がにじんだら玉ねぎをのせて、上からおさえる。
❸ チーズがこんがり、パリッと焼けたら、フライパンをぬれ布きんの上に置き、一気に冷ます。
❹ ヘラを差し込み、チーズごと取り出し、ペペロンチーノのたれをかける。

ぬたのたれ

材料（作りやすい分量、でき上がり約250ml）
- 西京味噌……180g
- 酢……¼カップ
- 砂糖……大さじ4弱
- 練り辛子……小さじ½

作り方
材料をなめらかに混ぜ合わせる。すり鉢ですり合わせるとなめらかな仕上がりになる。

保存期間
清潔な保存容器に入れ、冷蔵庫で保存。賞味期間は冷蔵庫で約2週間。

からしがアクセントの甘酸っぱいみそだれ

ぬたのたれ

ぬたのたれで作る
わけぎのぬた

材料（2人分）
- わけぎ……½袋(100g)
- 刺身こんにゃく……80g
- ぬたのたれ…大さじ4

作り方
1. わけぎは2～3等分に切る。
2. ①を根元の白い部分と葉先の緑の部分に分けて、しんなりするまでゆでる。
3. 緑色の部分は包丁の背でしごいてぬめりを除く。
4. 食べやすい長さに切り、こんにゃくといっしょにぬたのたれであえる。

ぬたのたれは"和風ディップ"である

家庭で「ぬた」を作るのは、どこかハードルが高いとお思いではないだろうか。料亭の味を簡単に作れる本格「ぬた」のたれがこちら。練りがらしがほどよく効いた通好みの味つけになっている。

ぬたとは酢と味噌を混ぜ合わせた、いたってシンプルな料理だが、その配合は味を決めるだけではなく、食材とのからみ具合も左右する。味噌を酢でゆるめることで、食材とからまるようにするわけだが、固すぎてもまとまらなくなる。ゆるすぎても、からみが悪くなる。このぬたのたれの味噌：酢の割合は、ほどよいとろみ具合で、食材を選ばず、よくからんで味がなじむ。

96

濃厚ソースで満足度の高いサラダに

ぬたのたれで作る
レタスとワカメの酢みそサラダ

材料（2人分）
レタス‥‥‥‥‥½個
塩蔵ワカメ‥‥‥‥20g
ぬたのたれ…大さじ3
マヨネーズ…大さじ1

作り方
① レタスはざく切りにする。
② ワカメは塩抜きして食べやすい大きさに切る。
③ ①、②を盛り合わせ、ぬたのたれとマヨネーズをかける。

目にも楽しい和風バーニャカウダ

ぬたのたれで作る
蒸し野菜の味噌おでん

材料（2人分）
かぶ‥‥‥‥‥2個
かぼちゃ‥‥‥‥150g
ぬたのたれ…大さじ4

作り方
① かぶはくし型に、にんじんは食べやすい大きさに切り、耐熱皿に広げてラップをかける。
② ①を電子レンジ（500W）で4分加熱し、野菜に火を通す。
③ ②にぬたのたれをのせる。

セロリ嫌いもこれならいける！
箸が止まらない箸休め

ぬたのたれで作る
セロリの酢みそ漬け

材料（2人分）
セロリ‥‥‥‥1本（80g）
エシャロット…1把（60g）
ぬたのたれ‥‥‥大さじ3

作り方
① セロリは食べやすい大きさに切る。エシャロットは根と葉先を切る。
② 保存袋に①を入れ、ぬたのたれを加える。袋の上から軽くもみ、空気を抜くように口をとじる。
③ 30分以上おいて漬け込む。冷蔵庫で保存すれば2～3日はおいしくいただける。野菜50gに対したれ大さじ1の割合で使えば、好みの野菜の浅漬けが簡単にできる。

絶品万能だれを
マスターしよう！

男子食堂 特別編集

忙しい男子の
万能だれ極旨レシピ

2012年4月30日　初版第一刷発行

編者　　男子食堂編集部

発行者　　高橋伸幸

発行所　　KKベストセラーズ
　　　　　〒170-8457
　　　　　東京都豊島区南大塚2-29-7
　　　　　電話　03・5976・9121（代）
　　　　　　　　03・5961・2314（編集部）
　　　　　振替　00180・6・103083
　　　　　http://www.kk-bestsellers.com/

装丁　　Concent,inc.

印刷所　　凸版印刷株式会社

製本所　　凸版印刷株式会社

ISBN978-4-584-16631-4
©kk-bestsellers Printed in Japan 2012

定価はカバーに表示してあります。乱丁・落丁本がありましたらお取り替えいたします。本書の内容の一部あるいは全部を無断で複製複写（コピー）することは、法律で決められた場合を除き、著作権および出版権の侵害になりますので、その場合はあらかじめ小社宛に許諾を求めてください。